無限한機會

氣學의 摠鑑

編著 朴鐘甲

* 기학의기초지식
* 기학원론
* 기학과일상생활
* 길흉의시한
* 동회판단법
* 기학건강법

법문북스

序　文

無限한 機會를 !

「吉凶得失은 移動에 依해 起함」

이것은 東洋占術의 源泉이라 할수 있는 "易"의 思考이다. 그래서 ≪氣學≫이란 "動"에 依한 得失을 占하니, 어느 方向으로 移動하면 得인가 損인가를 豫知하여, 吉은 進取하고, 凶은 事前에 避하는 길을 가르치는 方術이다.

≪氣學≫을 習得하였다면, 부지런히 吉方位를 利用하지 않으면 아무것도 되지 않는다.

막상 당신의 吉方位란, 당신이 태어났을 때 來侵한 精氣의 波動에 一致하는 精氣가 發生하고 있는 地點이다. 그 以外의 地點은 당신을 결단낼 凶方位이다.

이 生存競爭이 激甚한 世上에서 뒤늦어 버스를 타지 못한 사람 만큼 불쌍한 일은 없다. 당신이 버스에 가장 먼저 뛰어 오르기 爲해서 吉方位를 利用하여 機會를 붙잡아야 한다.

機會誘發──≪氣學≫은, 이 한마디로도 나타내지 마는 그 眞意를 깨닫고 있는 사람은 그렇게 많지 아니하다.

더구나, 本書에 收錄된 「氣學原論」은, 占術研究者들의 昏迷스러운 가지가지를 明確하게 啓導하게 될 것이다.

著者 씀

目　次

薔薇빛 人生을 펼치는 氣學

《氣學》이란 積極的인 開運法인 것으로「運勢는 좋지 못하였으나 이 惡運이 들기 前에 스스로 先手를 쳐 나아가는 方術이다.

西紀 1300年頃의 옛 날부터「方違」라고 呼稱하여 사람들로부터 利用되어 온 方位術에 나의 恩師인 萩野地角先生께서 여러가지로 創意創見을 加味하여 1909年에 《氣學》이라고 命名하여 救世濟民의 理想下에 氣學에 依한 運命鑑定과 氣學講習을 施行하게 되었다. 그로부터 60有余年後의 現在 獨占의 물결을 타고 여러가지 氣學入門 書籍이 刊行되었으나 最初로 市販된 書籍은 約五拾前年의 伊藤愛山著인「方位의 神話」(實業之日本社刊)로서 이 著書는 方位上盤을 北,下部을 南으로 하여 地圖와 같이한 새로운 形式을 取하고 있으나 內容의 一部에 重大한 錯誤를 發見할수 있었음은 甚히 遺憾스러운 일이다.

그런데 地角先生의 大正舘講堂에서의 氣學講習會에서는 數많은 會員이 모여 1930年初의 會員數는 萬名을 훨씬 넘어섰다고는 하였으나 占術을 職業으로 하는 일은 거의 없었으며 會員들은 各自나름 대로의 自家營業이나 會社의 經營者로서 이들은 事前에 吉凶을 알기 위해서의 自己防衛로서 또는 吉方位를 利用하여 크게 發展을 期하기 爲해서 習得하고 있는것 같았다.

1910年부터 現在까지《氣學》을 習得한 사람들은 얼핏하면 深深山谷에 入山하여 多年間 修道하여 이 祕術을 얻게 되었다든가,公開하기에는 너무나도 아쉬움이 있어 一子相傳의 大祕法이라고도 하여 自身에게만이 傳하여진 祕術인것처럼 誇張하는 傾向이였으나 이것은 地角先生의 根本精神에 어긋나는 것이다.

《氣學》은 人類를 爲한 것으로서 이것을 올바르게 利用한다면 福祉增進을 保障할것이며 나아가서는 世界平和의 基盤造成에도 貢獻하게 된다는 뜻이 된다. 이렇게 主張하는 것은 吉方을 利用하여 吉相의 住宅에서 生活을 營爲한다면 心身이 함께 圓滿하고 健全한 方向으로 好轉되어 共存共榮의 精神이 肝盛하게 되지만 凶方位를 取하여 凶相의 住宅에서 生活을

營爲한다면 不知不識間에 나쁜 思想으로 感染되어 나쁜 精神이 旺盛하게 되어 前途는 暗胆할 뿐일 것이다.

學生이 勉學을 게을리 하고 鐵帽를 쓰고 凶器를 휘둘러 暴徒化되는것도 性道德이 흐트러져 社會에 弊害가 커져감도 人命輕視를 當然한 것 처럼 簡單하게 殺人을 恣行함도 根源을 바로 잡았다면 當事者들이 凶方位를 取하였던 까닭으로 나타나는 凶스러운 作用이었던 것이 《氣學》에 依하여 判明되었던 것일 것이다.

아들이 赤軍派의 幹部가 되어 같은 무리들과 함께 小銃을 울러메고 山莊속에서 擴聲器로

「어머니시지요 나와 주십시요—」

라고 소리쳐도 이미 때는 늦었다. 또 大學에 入學한지 얼마되지 않는 아들이 구차하게 굴던 先輩에게 殺害되고 나서 피눈물을 흘리며 嘆息한들 때는 늦은 것이다.

20年 全心全力을 다하여 愛情을 쏟아 기른 結果가 이래서는 울어도 限이 없을 것이다. 그러므로 그와 같이 되기 前에 손을 쓸 수 있는 方便이 있었던 것이다. 그것은 무엇인가? 그것은 《氣學》이다.

어릴때 부터 吉相인 집에서 養育되어 每事에 吉方을 利用하여 왔다면 그러한 限스러움을 겪지 않았을 것이다.

또 富山県의 神通川流域의 痛病이나 熊本県의 水俣病은 實로 悲惨하였던 實例이지만 毒物에 對하여 拒絶反應을 일으키는 体質을 가졌다면 悲劇은 未然에 防止되었을 것이다.

와크찡이나 種痘는 病에의 豫防体質을 만드는 醫科學이지만 毒物에의 拒絶反應体質을 만드는 것은 現段階의 醫科學으로서는 生覺이 미치지 못할 일이기도 하다. 治療醫學이든 醫療科學이라고 하지마는 어둠속을 발짐작으로 걷는 格으로 몰모트 取扱이되는 것을 甘受하지 않고는 醫師에게는 맡겨 질수 없다.

그러나 毒物拒絶反應体質을 만드는데는 《氣學》 以外에는 없을것 같다.

西式健康法創始者인 西勝造氏의 未亡人이 1936年頃 다음과 같은 이야기를 들려 주었다.

「나의 친구로서 吉方을 利用하여 天相式家相에 居住하고 있는 壯年婦人

이 있었는데 며느리에게도 吉方을 利用케 하여 孫子는 天相家相으로 낳게 한것이다.

손님이 繕物로 가지고 온 菓子를 間食으로 주었더니 즐겨 먹었지 마는 가끔 「나 싫어」라고 하면서 손을 내 밀지 않을 때가 있으므로 왠 일인가 하여 生覺해 보았더니 孫子가 먹지 않을 때의 菓子는 五黃殺 方位에서 가져 온 것이었다.

「우리들은 月曆을 보고 方位를 생각하여야 하기 때문에 母親의 胎中에 있을 때 부터 吉相의 집에 成長하면 自然히 五黃殺을 느낄 수가 있는 것이다」라고 그 婦人이 말하였으나 그러할지 모를 일이다.

五黃方位에서 가져 온 飮食物은 아무리 無難한 境遇에도 오래된 것이 變質되는 一步直前의 것으로서 大部分 有害食品이다. 우리들은 아무런 느낌도 없이 먹어버리지만 그것이 쌓이고 쌓여서 結局은 臟器를 傷하게 하여 疾病이 되게하는 原因이 되는 까닭이다.

母胎속에서 부터 吉相住宅에서 養育되면 毒物拒絶体質의 惠澤을 받게 되는 뜻이 되지만 우리들은 손 씀이 늦은 셈이다. 그러므로 《氣學》을 充分히 活用하여 五黃殺方位의 食物은 먹지 않게 하여 体質을 保全하고 積極的으로 吉方을 利用하여 幸運助長을 꾀함이 重要하다.

吉凶이 함께 그 現象은 分明하게 表現됨으로 人間의 生活行動에 絶對必要한 《氣學》도 1930年頃 부터 牽强附會같은 解釋이나 迷信의인 行事가 雜多하게 받아 들여져서 本來의 뜻이 漸次 무너져 가는 傾向이 돼 버려졌다.

《氣學》을 새삼스레 돋보이게 하기 爲해 佛敎의 敎理에 無理하게 結付시켜 説明하든가 또는 科學的인 論據를 强引하여서 原子説을 들먹거리기도 하지만 이런 것들은 全然 豫測을 뒤바꾸었으며 또 「天海僧正이 德川家康에게 勸하여 《氣學》을 利用하여 大坂城의 外堀을 埋沒케 하여 豊臣家의 滅亡을 計略하였던 일」이라든가 「獨逸의 히틀러의 電擊戰術은 《氣學》의 應用이다」 等과 아무렇게나 傳説을 지어 만들기도 하지만 그러한 것은 함부로 識者들의 潮笑를 받을 뿐으로서 《氣學》은 易哲學의 母胎에서 태어 나지마는 易占과는 全然 相異되는 活用法에 依해 다른 어떤 方術이라도 追從을 不許하는 決定的인 運命克配力을 發揮하는 것이다.

-13-

《氣學》을 著述하기에 當面하여서 새삼스레 誇張된 説明은 必要없이 吉方位를 利用한다면 반드시 吉現象이 나타나고, 凶方位를 取하면 반드시 凶現象이 일어난다는 事實을 "그대로 적으면 좋다"라는 心境에 到達하였으므로 겨우 글을 쓸 氣分이 내켰다.

　本書에 依해 《氣學》을 마스터—한다면 一에도 吉方位, 二에도 吉方位, 三에도 吉方位라고 追求하여 凶方位에는 絶對 拒否姿勢를 堅持하여 薔薇빛 人生을 즐겨 주기 바란다.

氣學의 基礎知識

그러면 그대의 吉方位는 어디며, 凶方位는 果然 어느 곳에 있을까?

吉方位나 凶方位를 알려면 먼저 그대의 生年月日이 지닌 精氣를 알아야 할것과 그대의 一年以上 居住하였던 場所가 基本이 된다. 그대를 中心으로 東·西·南·北을 定하여 그대의 精氣를 生成하는 精氣가 運行하고 있는 方位가 吉方位로서 그대의 精氣를 消滅시키는 精氣가 運行하고 있는 方位가 凶方位이다. 그러면 여기에서 《氣學》의 用語와 原則의 說明으로 옮기기로 한다.

十干(天干)

陽性인 干→甲 $\left.\begin{matrix} 甲 \\ 乙 \end{matrix}\right\}$ 木 $\left.\begin{matrix} 丙 \\ 丁 \end{matrix}\right\}$ 火 $\left.\begin{matrix} 戊 \\ 己 \end{matrix}\right\}$ 土 $\left.\begin{matrix} 庚 \\ 辛 \end{matrix}\right\}$ 金 $\left.\begin{matrix} 壬 \\ 癸 \end{matrix}\right\}$ 水

陰性인 干→乙

十二支(地支)

陽性인 支→子(水) 寅(木) 辰(土) 午(火) 申(金) 戌(土)

陰性인 支→丑(土) 卯(木) 巳(火) 未(土) 酉(金) 亥(水)

生年과 生月의 精氣

生年 및 生月에서 받는 精氣의 影響을 다음 九種으로 分類한다.

九種의 精氣	
一 白 水 精 氣	
二 黑 土 精 氣	
三 碧 木 精 氣	
四 綠 木 精 氣	
五 黃 土 精 氣	
六 白 金 精 氣	
七 赤 金 精 氣	
八 白 土 精 氣	
九 紫 火 精 氣	

그대의 生年과 生月이 어느 精氣의 影響을 받고 있는 것인지를 알려면 年盤表(三六三頁)를 보면 알수 있다.

例를 들면 1945年(乙酉) 3月 10日生이면 乙酉一白 水精氣年이므로 月盤表의 子午卯酉의 곳을 보면 七赤金精氣月生이 되어 있다. 이럴 境遇「一白

-15-

의 七赤」을 記憶하여 주기 바란다. 이것이 그대의 生涯동안 붙어 따라 다니는 精氣로서 吉方·凶方을 調定하는데 重要한 役割을 한다.

五類氣의 合과 反

五類란 地氣의 構成要素인, 木·火·土·金·水를 뜻한다. 古代 中國에서는 五行思想이니 이 五類의 和合과 反發의 配合으로 吉凶을 占하는 方法은 東洋에서의 各種占術에 利用되고 있으나 漢方 醫術에도 많이 利用되고있다

「木과 火는 親和生成하며, 火와 土는 和合하고, 土와 金은 和合하고, 金과 水는 和合하며, 水와 木은 和하지마는 木土는 反發하고 土水는 反發하고 水火는 反發하며, 火金도 反發하고 金木은 反發한다」라고 하는

實로 單純한 原理이지만 이것이 占術이나 醫術에 應用시키면 極히 絶妙한 效能을 發揮한다,

圖示한다면, ① 木→② 火→③ 土→④ 金→⑤ 水→⑥ 木으로 順序를 좇아 圖形으로 그린 것이 和合이고, ① 木→③ 土→⑤ 水→② 火→④ 金→① 木으로 하나씩 띄우고 衝突하여 銳角을 그린것이 反發이다

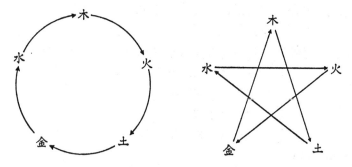

和合은 親和生成으로 行하고 反發은 相害滅亡으로 行한다.

그러므로 一白水精氣年이 生年인 사람은 金精氣와 木精氣가 運行하고 있는 方位가 親和生成의 吉方位이고, 火精氣와 土精氣가 運行하고 있는 方位는 相害滅亡의 凶方位가 된다. (더욱 九精氣는 每年 每月 運行하고 있으나 그 實態는 年盤表와 月盤表를 參照하기 바란다.

「順行은 生成, 反發順行은 滅亡」의 理致를 大哲學者인 孔子는 「天順者榮하고 天逆者亡」라고 하였으니 이것은 ≪氣學≫의 根本理念을 뜻하는 것이다. 即 吉方位를 利用하는 것은 天에 順行하는 것이며 凶方位를 取하는

것은 天에 逆行하기 때문이다.

九精氣「和合·反發」表

生年및 生月精氣 吉凶	親 和 (順)	反 發 (逆)
一白水精氣	三碧·四綠·六白·七赤	二黑·八白·九紫
二黑土精氣	六白·七赤·八白·九紫	一白·三碧·四綠
三碧木精氣	一白·四綠·九紫	二黑·六白·七赤·八白
四綠木精氣	一白·三碧·九紫	二黑·六白·七赤·八白
五黃土精氣	二黑·六白·七赤·八白·九紫	一白·三碧·四綠
六白金精氣	一白·二黑·七赤·八白	三碧·四綠·九紫
七赤金精氣	一白·二黑·六白·八白	三碧·四綠·九紫
八白土精氣	二黑·六白·七赤·九紫	一白·三碧·四綠
九紫火精氣	二黑·三碧·四綠·八白	一白·六白·七赤

先天定位盤

先定位八精氣盤   先天定位卦表

　先天定位에는 五黃土精氣가 빠지고 八方位에　八精氣가 配置되어 있으나 이盤은 《氣學》의 原理를 表示한것이다. 더욱 一白水精氣는 坎卦(☵) 二黑土精氣는 坤卦(☷). 三碧木精氣震卦(☳). 四綠木精氣는　巽卦(☴) 六白金精氣는 乾卦(☰). 七赤光卦 金精氣 (☱)·八白土精氣는 艮卦(☶) 九紫火精氣는 離卦(☲)에 該當하다.

後天定位盤

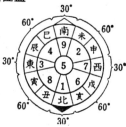

後天定位 九精盤

後天定位八卦盤

　中央에 五黃土精氣가 主座를 차지하고 西北에 六白金精氣, 東北에　八白土精氣, 南에 九紫火精氣, 北에 一白水精氣, 西南에 二黑土精氣, 東에　三碧木精氣, 東南에 四綠木精氣가 座占하고 있으나 이것이 方位의 基本盤으로, 後天定位盤의 위를 一年마다 九精氣가 運行하는 것이다.

　1973年은 九紫火精氣가 中央主座를 차지하고 있으나, 1974年은 八白土精氣가 主座를 차지하기 때문에 九紫火精氣는 西北六白座로 옮겨 1975年에는 西七赤座로 옮긴다.

　또 《氣學》으로는 東―西―南―北의 範圍를 三十度로 定하여 "四正의 方位"라 하고, 東南―南西―西北―北東의 範圍를 六十度로 定하여 "四隅의 方位"라고 한다.

　또 易卦로는, 東과 東南이 表裏, 中央과 西北이 表裏·南과 北이 表裏로되어 있다. 이 易卦의 表裏가 飛泊順序의 解明이 될까하여 1937年頃 多方面으로 硏究해 봤지만 부질없는 헛 手苦만 하고 아무런 所得은 없었다.

九精氣의 運行

後天定位九精氣盤

九精氣運行順序盤

中央의 正氣는 西北(戌亥坐)—西(酉坐)—東北(丑寅坐)—南(午坐)—北 (子坐)—西南(未申坐)—東(卯坐)—東南(辰巳坐)과 같이 차례로 運行하며, 또 다시 中央坐로 되돌아 온다. 이 運行의 順路는 年盤이나 月盤이나 日盤 이나 時盤도 모두 같다.

이 運行의 順序는 暗記하기 어렵겠으나, 後天定位가 머리 속에 들 어 있으면 北의 一白부터 1∼2∼3∼4∼5∼6∼7∼8∼9∼1⋯⋯라 는 軌道를 中央坐부터 始動한다고 生覺한다면 될것이다.

《氣學》에서는 갓 태어난 嬰兒는 그 年齡의 年盤中央坐의 精氣를 生涯 保存한다고 보고 翌年은 그 精氣가 西北으로 옮기게 되어 個人의 運氣의 消長이 始作하게 된다는 뜻이 되지마는, 이 運行觀察法은 世上情勢나 事件 의 歸趣에도 應用된다.

大 凶 方 位

五黃殺氣方位

年盤·月盤·日盤·時盤上에 五黃土精氣가 運行되고 있는 方位를 말한다.

五黃은 强烈한 腐敗作用을 가진 土精氣임으로 이 方位로 移徙 또는 增築 等을 하면 死病으로 苦生하든가 甚한 生活苦로 빠지게 되어 土化消滅된다.

例를 들어 日本 陸軍士官學校가 東京에서 神奈川県 相武台로 移轉한 것 은 1938年으로 寅의 八白土精氣의 中央坐임으로 西南에 五黃殺氣와 歲破 가 얽혀 있는 데다가 地相은 西欠이었다.

때는 바야흐로 中國大陸에 戰爭擴大의 물결이 盛할 때이므로 目前의 戰 況은 連戰連勝이나 그때 나는 앞으로의 日本의 戰況이 어떻게 될까 하고 크나 큰 不安을 품게 되었다. 그러나 그러한 일을 一言이라도 하였다면 憲 兵隊에 拘引되어 살아 돌아 오지 못할 世情이 였기에 나는「조개」처럼 입 을 굳게 다물고 家族들에게도 말 한마디 하지 않았다.

그러나 結果는 어떻게 되었을까 新設된 士官學校에서 받은 敎育은 地相 의 西欠과 五黃殺氣의 象意가 통털어 나타나 實戰에는 아무런 役割을 하지 못하였을 뿐 아니라 敗戰과 함께 軍隊 그 自體가 土化消滅되었다.

惡 殺 氣

年盤·月盤·日盤·時盤上에서 五黃土精氣의 反對側의 方位에 惹起되는

惡殺氣로서 五黃이 中央座에서 西北으로 運行하면 東南에, 五黃이 西로 運行하면 東에 發生한다. 따라서 五黃이 中央坐를 占하고 있을 때는 八方位 어디에서든지 惡殺氣는 일어나지 않는다.

年盤表와 月盤表에 "A„記號가 붙어 있는 곳이 惡殺氣方位이다. 이 方位로 向해서 움직이면 他動的인 病難 또는 災難이 일어난다고 말들하고 있으나 꼭 그렇지만은 아니하고 自動的인 境遇도 있다.

1955年에 있었던 일로서 當時 公務中에 Y孃이 A孃이란 同僚를 데리고 찾아왔다. 그리고 이 사람이 自己가 現在 살고 있는 房을 함께 빌려서 같이 살자고 하기에 그렇게 했으면 합니다만 A孃은 最近 「죽고 싶다. 죽고 싶다」고만 하고 있으니 어떻게 되어 있느냐고 묻기에

「당신이 죽고 싶어할 理由가 있느냐」라고 물었더니

「아무런 理由는 없는데도 妙하게도 죽고 싶은 氣分이 생긴다」고

그래서 生年月日과 서울에 왔던 時期를 물었더니 1933年 四綠木精氣에 났으며, 咸鏡南道 元山에서 今春上京하였다는 것이다. 1955年은 九紫火精氣가 中央坐를 占據하고 있으므로 元山에서는 南方에 該當되는 서울은 生年精氣殺의 方位인 同時에 四綠木精惡殺氣의 方位이기도 하기 때문에 이것으로 理由없이 죽고 싶다는 氣分이 일어난다는것도 無理가 없다.

「서울에 온것은 매우 나쁜 方位이므로 오래 있으면 있을수록 속 便安한 일은 일어나지 않는다. 上京한지 半年이 經過하였으나 바로 歸鄕하시요. 그러면 幸運이 열릴테니」라고 勸하고, 그 뒤에 Y孃에게 「서울에 있으면 自殺하게 되니 適當히 잘 말해서 故鄕으로 돌아가게 하시오」라고 덧붙였으나 A孃은 그 해 12月에 遺書도 남기지 않고 까스 自殺을 하고 말았다.

四綠木精氣에는 "氣体"의 意味가 있으며 四綠惡殺氣는 "惡臭„의 意味도 있으므로 까스 自殺은 凶方位의 象意가 그대로 明示된 셈이다.

精氣殺方位

年盤 또는 月盤上에서 당신의 生年 및 生月의 精氣가 運行하고 있는 方位를 말한다. 一白中央坐의 盤으로 說明한다면 당신이 二黑土精氣生이면 西北(戌亥)가 精氣殺方位가 되며, 九紫火精氣生이면 東南(辰巳)이 精氣殺方位가 된다. 이 方位로 移徙 또는 增築을 한다면 醫藥의 效果를 거두지 못하는 死病에 걸리게 된다.

1930年의 어느 때 女流画家인 H女史와 서울에서 列車를 타고 자리를 함께하여 大田을 通過할 때 H女史가 「親知가 大田에 있읍니다만 口中에 "疳"이 된것 같습니다. 疳이 그런 곳에도 되는지요」라고 말 하였다.

「그 사람은 北에서 南을 向해서 移徒한 일은 없읍니까」

「八~九年前에 天安에서 大田으로 移徒왔읍니다.」

「그러면 七赤生인 사람이군요」

「예」1934年은 三碧木精氣中央坐의 年임으로 七赤이 南으로 運行하고 있다. 後天定位盤을 人体에 結符시키면,南은 頭部에 該當하므로 七赤에는 口의 象意가 있으므로, 口疳이라고 들었을 때 南方이 또는 七赤의 方災라고 느꼈읍니다만 9年前인 1925年도 三碧中央坐의 年임으로 그 사람은 精氣殺을 犯한 것으로 보아 "七赤生"이라고 斷定하였던 것이다.

生年의 精氣殺을 犯하면 絶對死病, 生月의 精氣殺을 犯하면 重病을 免치 못한다. 더욱 1925年에 利用한 精氣殺의 結果가 1934年에 나타난 것을 "線路法„이라 한다.

對氣殺方位

年盤또는 月盤으로 당신의 生年 및 生月의 精氣의 向側의 方位를 말한다.

一白水精氣中央坐의 盤으로 說明한다면 당신이 三碧木精氣生이면 東(卯)이 對氣殺方位가 되며 또 八白土精氣生이면 西(酉)가 對氣殺方位가 된다. 이 方位로 移徒 또는 增築하면 行動이 勇猛하기가 지나쳐 希望이나 計劃이 失敗하며 또 自信이 過剩하여 細心하지 못하여 破滅의 구덩이로 빠지게 된다.

小兒殺方位

小兒殺方位는 小兒專門의 凶方位로서 어른이 利用하여도 아무런 影響이 없다. 《氣學》의 講習을 받은 사람이라도 初步者에게는 빠트리기 쉬운 것이나 十歲以下의 어린이에만 適用된다. 더욱 이것은 月盤만을 利用하는 方位로서 年盤의 方位는 關係가 없다. 1971年 辛亥歲 七月에 있었던 일이다.

《氣學》을 배우고 있다던 손님이 찾아 와서

「1967年 (五黃)生인 어린입니다만 實家의 祖母뻘 되는 분에게 맡겼읍니다. 그런데 一週日前부터 점점 야위어짐으로 祖母任은 매우 걱정하고 있읍니다.

吉方을 取하였는데도 어떻게 된 셈이지요」

方位를 물었더니 自宅에서 東쪽이며 이번 5月에 갔다고 한다.

「당신은 小兒殺方을 배우지 않았읍니까.—배웠다면 왜 小兒殺方法을 利用하였읍니까 빨리 되돌려 데려가지 않으면 큰 變을 當할것이요」라고 하니 相對는 깜짝 놀란 顔色으로 變하였다. 어린이를 入院시키려면 먼저 小兒殺方位를 調査하여 吉方位를 選定하지 않으면 고칠수 있는 病도 고치지를 못하게 된다.

小兒殺早見表

小兒殺	白八	紫九	黑二	碧三	黃五	白六	白八	紫九	黑二	碧三
年	子	丑	寅	卯	辰	巳	午	未	申	酉

黃五	白六
戌	亥

歲破方位와 月破方位

이것은 十二支를 基準으로 하여 定하는 名稱으로서 그 年이 子年이면 反對側의 午(南)의 方位가 歲破이다. 또 그 月이 午(6月)이면 反對側인 子(北)의 方位가 月破이다. 年盤表와 月盤에 "P"記號가 붙어 있는 것이 歲破 또는 月破의 方位가 되어 있다.

이 方位로 移徒 또는 增築等을 한다면 다툼이나 豫想外의 일로 破滅하게 된다.

歲破	南	南西	南西	西	西北	西北	北	北東	北東	東	東南	東南
年	子	丑	寅	卯	辰	巳	午	未	申	酉	戌	亥

月破	南西	南西	西	西北	西北	北	北東	北東	東	東南	東南	南
月	1	2	3	4	5	6	7	8	9	10	11	12

九精氣의 人体配合

頭部——九紫	右手——二黑	左手——四綠
腹部——五黃	肝臟 (左脇)——三碧	性器——一白
右足——六白	左足——八白	

으로 되어 있으나 이것은 사람이 南을 向立하여 눈앞에 둔 後天定位盤을 身体에 配置한것이지만 이 配合圖는 方位를 利用할 境遇의 方德이나 方災를 알기 爲해서 必要하다.

1956年 氣學講義를 했을때 講習生中의 S君과 N君과 함께 講義場 附近의 茶房에 들어간 일이 있었는데 그 女主人이 右手의 人指에 崩帶를 감고 있었다.

「저 女主人이 어떻게 하다가 손가락을 다쳤는지 아는가」고 두 講義生에게 물었더니 「左手이면 부엌 칼에 다쳤다고도 말할수 있겠으나 右手이니 알수 없다」고 對答하므로,

「오늘 저녁에 右手는 西南이라고 講義에서 가르쳐 주지 않았던가 저 女主人은 西南쪽을 손질하다가 다친 方災이니 가서 물어 보아라」고 하였더니 S君이 자리에서 일어나 女主人앞으로 가서 무엇인가 對話를 하고 되돌아 오더니 「정말 그렇더군요. 七日前에 앞뜰에 있는 倉庫를 아이들 공부房으로 改造했는데 方位는 西南쪽이라고 했읍니다」라고 報告하였다.

九精氣의 人体配分圖

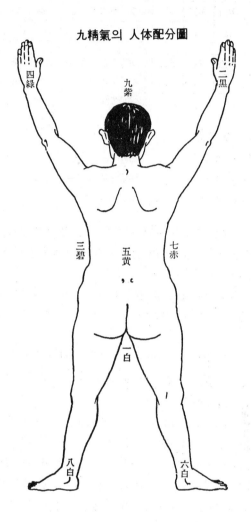

八方位分界와 移轉方位의 活用法

《氣學》으로 八方位를 分界할 때 四正(東·西·南·北)을 三十度, 四隅(東南·西南·西北·東北)을 六十度로 分하고 있으나 從前에는 他方鑑家들과 같이 八方位를 四五度로 分하였던 것이다.

G先生은 어느 男子에게 「西쪽이 吉方이다」하고 木浦로 移徙시켜 一年程度 經過한 뒤에 木浦에 갔을 때 제법 事業이 繁昌하였으리라 生覺하고 왔던길에 暫時 訪問하였더니 出庫했던 商品이 되돌아와 山積처럼 쌓여 있어 主人은 턱을 받치고 있었다. 그래서 나는 狀況을 生覺한것 처럼 G先生도 그렇게 生覺하였을 것이다. 大邱에서 木浦는 四五度의 西南쪽이니까 이럴 까닭은 없다.

여러가지로 究明하여 보았더니 西의 吉現象은 조금도 나타나지 않고 西南의 凶現象만 나타나고 있다.

「아. 그러면 木浦는 西쪽이 아니고 西南쪽이었던가」고 깨달았다. 이것이 動機가 되어 八方位를 十二支로 分解 보았더니 木浦는 西方이 아니고 未申의 方이 됨으로 이것이 《氣學》 三〇度 六〇度分界인 것이다.

1963~4年頃인가 M氏가 「東·西·南·北은 三〇度로 移徙시키지 마는 西遇는 六〇度로 하지않고 四五度로 移徙시키고 있다」 그 때는 「아 그래 ……」하며 예사로 들어 넘겼으나 뒤에서야 "靈感女史가 말하는 것이니까 무엇인가 그곳에 있겠지„하고 生覺하여 四隅六〇度의 作用을 檢討하여 보았다.

그래서 六〇度로 計算하니 完全히 四隅方位가 되는 場所이지만 四五度로 計算하니 四正方位으로 말 해버리는 수도 있다.

그러면 어느쪽의 現象이 認定되어 있는 것인지를 調査하여 보았더니, 四隅로 運行하고 있는 九精氣의 象意는 나타나지 않고 있다.

따라서 G先生의 三〇度, 六〇度説은 正確하다는 뜻이 되지만, 四隅方位를 利用하였을 境遇, 四正方位의 境界線에 接近하고 있는 곳에 移徙하면, 吉方位기는 하지만 永住할수 없는 比率이 많이 나타나고 있다.

例를 들면 七赤中央坐의 해에 西南 六〇度를 利用하면 四綠의 現象이 일어나고, 東南 六〇度를 利用하면 六白의 現象이 일어나지만, 西南南이나 東南南七·五度의 範圍를 利用하면 四白이 六白이나 二黑에노 直接關係 없는

나쁜 現象이 일어나기 때문에 「吉方位로 왔는 데도 왜 이럴까」라는 일이
생긴다.

七赤中央坐일 때 東南南七・五度를 利用하면 "丙"의 惡作用이 일어나며,
西南南七・五度를 利用하니 吉凶方에 拘碍됨이 없이 "丁"의 西作用이 認定
된다.

그래서 吉方移徒에 四隅方位를 利用할 때는, 六○度의 左右七・五度를 뺀
"四五"의 範圍를 利用하면 된다는 뜻이다.

그러나 거듭 注意해야 할 點은 四隅는 四五度를 利用"한다는 것은
어디까지나 吉方 移徒를 할 때 "만의 境遇이다.

方位의 現象을 觀察할 때는 六○度를 利用하지 않고서는 符合되지 않는
다.

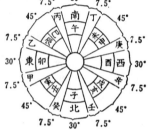

八方位四五度説의 矛盾

現在도 八方位는 四五度式의 分界法을 絶對로 正確하다고 하는 사람이
있으나 그 分界는 右圖와 같이 되어 있다.

45度 分界圖

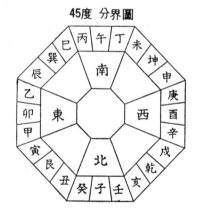

東 {
甲——15度(干)
卯——15度(支)
乙——15度(干)
}

東南 {
辰——15度(支)
巽——15度(易象)
巳——15度(支)
}

$$
南 \begin{cases} 丙 \text{————15度(干)} \\ 午 \text{————15度(支)} \\ 丁 \text{————15度(干)} \end{cases} \quad 南西 \begin{cases} 未 \text{————15度(干)} \\ 坤 \text{————15度(易象)} \\ 申 \text{————15度(干)} \end{cases}
$$

$$
西 \begin{cases} 庚 \text{————15度(干)} \\ 酉 \text{————15度(支)} \\ 辛 \text{————15度(干)} \end{cases} \quad 西北 \begin{cases} 戊 \text{————15度(支)} \\ 乾 \text{————15度(易象)} \\ 亥 \text{————15度(支)} \end{cases}
$$

$$
北 \begin{cases} 壬 \text{————15度(干)} \\ 子 \text{————15度(支)} \\ 癸 \text{————15度(干)} \end{cases} \quad 北東 \begin{cases} 丑 \text{————15度(支)} \\ 艮 \text{————15度(易象)} \\ 寅 \text{————15度(支)} \end{cases}
$$

八方位를 八等分하면 45度式이 되지만 東·西·南·北의 領域에 二干과 一支를 配置하고, 東南·西南·西北·東北에 二支와 巽·坤·乾·艮의 易象一을 配置하고 있다.

四隅方位에 易象이 들어 있으나 四正方位에는 易象名이 들어 있지 않지마는 東에「甲·卯·震·乙」도 配置하지 않는 것은 무슨 까닭일까.

四隅方位에 易象名을 넣고 四正方位에 易象名을 넣지 않는 것은 矛盾이라고 生覺되지만, 八方位 45度說을 捉唱하는 者는 四隅에 易象을 配置하고, 四正에 易象을 配置하지 않는 것의 必然性에 對하여 理論的인 解說은 發表되지 않고 있다.

氣 學 原 論

九星이란

≪氣學≫에서는 人間出生의 影響을 九種으로 分類하니 이것에

☆　一白水星

☆　二白土星

☆　三碧木星

☆　四綠木星

☆　五黃土星

☆　六白金星

☆　七赤金星

☆　八白土星

☆　九紫火星

의 名稱을 붙여 있기 때문에 貴族層에 属하는 族属들로 부터 좋은 攻擊의 標的이 되어 있으나 그런 사람들이 지배할만한 일을 基督敎의 牧師로서 手相 研究家인 K氏가 1955年頃「九星은 窮星이다」라는 名題를 發表하고있다.

「(前略) 왜 五行(木星·火星·土星·金星·水星)을 나누었는가 하면 當時는 아직 地球의 兄弟인 即 우리들 人間에 感化를 주는 惑星은 다섯 만이 알려져 있었기 때문이다.

오늘 날의 惑星은 그 外에도 天王星, 海王星, 冥王星華의 三星이 發見되었음으로 天에 五行이 있다는 生覺은 分明히 時代錯誤的인 思考方式이다. 그러므로 天에 八行이 있고 地에 五常이 있다고 말하게 되었다. 五倫五常이라고 하는것이 自然現象 과는 符合되지 않게 되었다(後略)」

九星術이라고 하는 木星·火星·土星·金星·水星은 天体中의 별(星)은 아닌것이다. 九星을 攻擊하는 사람은 반드시 天文學을 들먹거리지만 九星의 源流를 確認한다면, 九星이 天体의 별이라고 하는 어리석은 表現은 하지 않을 것이다. 九星術의 九星을 天文學上으로 論한다는 것은 象想밖 의 일이다. 더우기나 이 筆者는

「(前略) 1952年은 三碧이 中宮에 들어가게 되어 1953年은 二黑이 된다.

그렇게 되므로 1952年은 東이 暗劍殺, 1953年은 辰巳의 方位가 暗劍殺로서 (後略)」

等을 말 할 程度였기에 이야기가 되지 않는다.

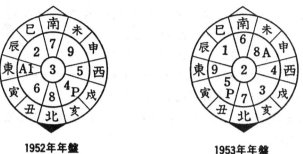

1952年年盤　　　　　1953年年盤

또 易學研究의 權威者인 日本 關西大學의 竹内照夫 敎授는 『運命學入門』 (1968年‥讀売新聞社刊)에

「『이 별밑에 태어난 사람은 이레이레 저레저레의 運命이다』라고 説明한 境遇에 그 별이 現實의 夜空星이라면, 그것이 왜 그러한 運命을 指示하고 있는가, 라는 뜻을 説明하기 무척 힘이 든다. 그래서 占術에 利用되는 星은 모두 눈에 보이지 않는 神秘의 世界에 屬하여 사람의 運命은 반드시 이 世界의 星에 依해 支配되는 것이라고 解釋하게 되었다. 西洋의 占星術 에서 말하는 十二星宮도 九星術에서 말하는 九星을 모두 이러한 意味의 神 秘스러운 星인 것이다.」라고 쓰여 있었다.

나는 이것을 읽고 眩氣症이 날뻔 하였다. 易學研究의 權威者인 竹内敎 授가 「九星을 눈에 보이지 않는 神秘로운 世界의 星」等……왜 그렇게 말 할까.

「九星이라 하니 天体의 별이라고 生覺하고 말하는 사람이 많으나 이 것은 易의 八卦로 부터 나온 것으로서 天体의 별과는 無緣인 것이다」라고 말하지 못하였을까.

一白水星・二黑土星・三碧木星・四緣木星・五黃土星・六白金星・七赤金 星・八白土星・九紫火星처럼 ″星〟字가 붙어 있으나 이것은 《氣學》의 源 流인 「河圖」「洛書」의 圖는 數를 白點과 黑點으로 表示하고 있기 때문에 《氣學》이라고 차지 않고 《一白水星》 라고 말한데 不過하다.

九精氣에 對하여

九星이라고 하면 天文學이라고 錯覺하여 「天体에 木星이 二(二州註·三碧木星·四綠木星)가 있다든가, 土星이 三(註·二黑土星·五黃土星·八白土星)이있다는 것은 아니다 그러므로 九星은 根據없는 迷信이라는 것을 알수 있다」라고 하는 사람들이 있으니 困難하다. 그래서 선뜻 誤解를 않기 爲해서 〝星〟字를 利用하지 않고, 〝精〟字를 利用하기로 한것이다. 그것은 몇 年에는 南에 一白이 돌고 있다든가, 몇 年에는 北에 二黑이 돌고 있다든가 하더라도 그 方位에 特別한 形体가 存在할 까닭은 없고, 一白 또는 二黑의 〝氣〟가 있을 뿐이다. 그래서 나는 水星·土星을 水精氣·土精氣라고 呼稱하기로 하였다.

九精氣의 色

『九星은 窮星이다』 (平竹辰에)

「(前略)의 九曜星을 色을 붙여서 한층 神秘의 度를 더하여 다음과 같이 配列하게 되었다.

四綠	九紫	二星
三碧	五黃	七赤
八白	一白	六白

왜, 이런 色이 생겼는가를 말 한다면, 本是 五行에는 固定된 色이 있다. 木은 靑, 火는 赤, 土는 黃, 金은 白, 水는 黑으로 되어 있다.

이 五色을 九로 配列하는 것은 조금 無理이므로 色을 增加하여, 黑·紫·綠·黃·碧·白·白·白으로 하였다. 이 것으로 五行과 色과 數와의 세가지가 갖췄으므로 처음 研究하는 사람에게는 神秘스러운 느낌이 들게 되었다. 白을 셋이나 두게 한것은 무슨 理由인지 나로서는 알수 없는 일이다」 라고 하고 있으나 甚한 것은 『數靈의 四次元』(D氏의 1929年刊)에서

「(前略) 九星에서의 一白에서 九紫까지의 數理에 있어서 왜 『白』이라는 文字를 실은 數가 셋이나 있는지의 수수께끼는 아직 分明하지 않다. 『白』이라고 하는 것은, 一白·六白·八白의 三白眼이라는 것이다. 三白眼이라는 것은 『疳』은 『目』이며 目은 『理』로서 三系統의 數理에 하나 하나 『白』을 실어 裏面의 密義를 暗示하고 있는 것이다.

圖의 A柱 ⑤와 B柱 ⑩, C柱 ⑮의 數가 象徵하는 것은 (註除) 5＋10＋15

=30……三〇… 三素(水)가 되어, 水를 象徵하는것 만이 아니고 龜에도 暗示하고 있다. 그러므로 一白·六白·八白이라고 하는 三通의 『白』은 『素(水)』이기도 하여, 三系列의 理를 代表하고도 있다. 그러므로 『易經繫辞伝』上에서는,

『天神은 物을 生하게 하고, 聖人은 이를 則한다. 天地는 變한다. 聖人은 이것을 効롭게 하며 天象을 垂하여 吉凶을 見破하니. 聖人은 이것에 象한다. 河圖를 내고 洛書을 내며 聖人이 이것이 則하니 易에 四象이 있도다』라고 쓰여 있는 四面에는 三素(水)의 思想이 숨겨져 있다. (後略)

九星의 〝色〟에서 〝眼〟이 되고, 眼에서 〝目〟이 되며 目에서 〝理〟가 되며 또, 〝白〟으로 되돌아 와, 白에서 〝素〟그래서 〝三素〞의 思想이 되는곳은, 思考의 飛躍으로서 다만 몹시 어이없을 뿐이다.

그러나, 生覺해 보면 한 사람은 牧師이고, 또 한 사람은 画家로서 九星術의 專門家이지도 氣學의 專門家도 아니므로 엉뚱한 소리를 하는 것은 當然할지도 모른다.

또 『九星起原緣』에는 다음 같이 쓰여져 있다.

「一은 北에 居하여 水에 配하고 水의 그 色은 黑을 原으로 한다고 하지마는 이 水는 一滴이니 水로서 一滴水는 其色은 甚白하므로 一白이라 이름한다.

六白은 戌 亥에 居하여 金에 配한다.

이 金은 則하니 金(鑛石)이며 그 色은 甚白하므로 六白이라 한다.

八白은 丑·寅에 居하여 土에 配한다. 易에서 云하기를 艮은 山에 屬하지만 山土는 其色이 白이므로 八白이라한다.

이것으로는 〝왜〟라는 疑問에 對한 說明한 結果의 解得은 어렵다. 또『方鑑大成』에 〝九星七色의 弁〟이 실려 있으나 읽어 보니 입으로 말만 하고 있을 뿐인것 같다. 氣學宗家라고 自稱하는 〇氏의 著書를 보아도

「一은 萬物의 始作으로서 白은 色의 始作이다」뿐으로서 二부터 九까지의 色에 對해서는 論하고 있지 않으나 그것도 그러할 밖에 大正館에서 修學한 講義는

「一白의 白字는 色의 始作이며 白에서 始作하여 여러가지로 變化한다. 北의 色은 後天은 白이며, 先大은 黑이다. 白無垢, 黑無垢인 服裝이 禮裝의

根本을 이루는 所以이다」라고만 말하였을 뿐 色에 對한 説明을 그치고 있기 때문이다. 나와 大正館에서 함께 氣學을 受講하고 大正館研友會 發刊의 「運勢秘録」의 編集을 하다가 獨立하여 《法象學》에 對한 여러가지의 講義録을 著述하였던 小林四明氏의 著書에도 「三白色」에 對한 解説은 보이지 않았다.

이렇게 말하는 나는 恩師의 가르침을 지키는 것이 힘에 겨울 程度이나 支障을 招來하지 않고 門人들의 質問도 그다지 없는 가운데 疑義도 느끼지 않고 지나왔으나, 「九星은 九窮이다」를 읽었을 때 이 筆者는 「나는 手相을 唯心的으로 解釋하고 있다」라는 나에 對한 批判의 消問을 깨달아 『白을 셋으로 한 것은 무슨 까닭인지 그 意味는 나로서는 全然 모를 일이다』로서 끝맺고 말았다.

先天定位는 龍馬가 등에 업고 나타났다든가, 後天定位는 神亀가 등에 업고 나타났다고 하는 것은 새삼 反對論을 들고 싶지 않은 옛 이야기로서 先天定位도 人間의 머리로 考案된 것이기 때문에, 大概 人間이 現實生活에서 生覺할수 있는것 같은 것을 쫓아 간다면 解明된다는 뜻이다」라는 것을 깨달았다.

三白이 明示하는것

오늘 날에도 낮 12時를 正午라 하고 밤 1時~2時를 丑時라고도 하지마는, 〝正午〞나 丑時라는 것은 옛날에 行하였던 12支에 依한 時刻의 名稱이다.

「太陽은 東天(卯方)에서 떠서 西山(西方)으로 진다」라 하고 卯에서 酉까지의 사이를 낮時刻으로 하고, 戌에서 寅까지의 사이를 夜間으로 한다.

時間을 十二支로 配分하면 다음과 같다.

子 刻 { 23時 / 24時 / 1時 }　丑 刻 { 1時 / 2時 / 3時 }　寅 刻 { 3時 / 4時 / 5時 }　卯 刻 { 5時 / 6時 / 7時 }

辰 刻 { 7時 / 8時 / 9時 }　巳 刻 { 9時 / 10時 / 11時 }　午 刻 { 11時 / 12時 / 13時 }　未 刻 { 13時 / 14時 / 15時 }

$$申 \quad 刻 \begin{cases} 15時 \\ 16時 \\ 17時 \end{cases} \quad 酉 \quad 刻 \begin{cases} 17時 \\ 18時 \\ 19時 \end{cases} \quad 戌 \quad 刻 \begin{cases} 19時 \\ 20時 \\ 21時 \end{cases} \quad 亥 \quad 刻 \begin{cases} 21時 \\ 22時 \\ 23時 \end{cases}$$

이것으로 알수 있듯이 五時~七時는 東에 해가 뜨는 卯刻으로서 이 때 부터 色彩의 世界가 始作되며 그 世界는 西에 日沒하여 十九時·酉刻 까지 繼續하니 그 後는 戌亥刻 부터 子刻을 거쳐 丑寅刻까지의 사이는 萬物의 모습이 드이지 않는 世界이다.

그러면 後天定位의 卯坐에는 碧色, 辰巳坐에는 綠色, 午坐에는 紫色, 未坐에는 黑色, 酉坐에는 赤色이라는 짜임으로 色彩가 配置되어 있지마는 戌亥坐(午後七時~十一時)·子坐(午後十一時~午前一時)·丑寅坐(午前一時~ ~五時)에는 白色이 配置되어 있다.

即 戌刻에서 寅刻(十九時~五時) 까지는 物体의 分別을 할수 없는 時間帶임으로 色彩가 없는 世界이기 때문에, 이 無色의 時間帶에〝白〟을 配置한 것은 實로 合理的인 晝夜의 區分法이다.

後天定位는 八咫鏡

이렇게 말하는 내가 1936년頃 ≪氣學≫ 入門書를 著述할려고 하였을 때, ≪氣學≫은 東洋古來의 것으로서 「故事記」를 펼치면 分明한것 처럼 八咫鏡은 八方位盤이다. 日本의 神武天皇은 이 盤으로서 八方位의 吉凶을 알 아 軍隊를 進擊시켜 國土를 平定하였다. 또, 神武天皇의 東征을 引導 하였던 八咫鳥는 새가 아니고 方位의 吉凶을 識別하는 咫術師를 뜻한다.

이러한 構想에서 整理할려고 하였으나 이러한 억지에 嫌氣마져 들어 著述할 意慾을 잃고 말았다.

「그런데 1956年頃 同門諸位와 힘을 모아 地角先生의 直傳의 正統氣學講習會를 開催하였을 때.

「부끄러운 일이나 그 옛날 「八咫鏡은 後天定位盤이다」이라는 內容의 ≪氣學≫이라고 雜談삼아 이야기 하였더니 S氏는 自著 「氣學方位活用秘法」에 「八咫鏡은 八方位의 吉凶을 나타내는 方位盤이다 라고 傳해지고 있다」고 쓰여져 있으며 ≪氣學≫을 古神道에로 結符시키려고 努力한 N氏라는 사람은 自著인 「大氣의 底」(1960年刊)에 八咫鏡은 後天定位盤이다」 라고 斷定하고 있미. 그러니,

「八咫鏡은 咫에 응석부리는 거울로서 大鏡이라는 뜻이다. 八咫의 八 은 弥의 假名으로 다만 一咫일지라도 二咫三咫,或은 三咫四咫等,咫에 응석함 이 弥咫이라고 하며 꽃의 重弁임을 八重이라 하고 髮이 손아귀에 응석함을 八握鬚이라 하며 殿의 尋訪에 응석함을 八尋殿이라고 까지 한 八은 모두 弥의 借字이다라는 것을 引用할것 까지는 없더라도 八咫鏡과 八方位盤과

는 全然無緣인 것이다.

또 八咫鏡은 天孫이 高天原에서 持參하였던 것이기 때문에, 八咫鏡이 後 天定位盤이면, 高天原은 中國大陸으로서 天孫族이라면 中國民族이라는 뜻이 다.

河圖와 洛書

河圖傳說

太古時代 中國을 다스렸던 三皇의 最初의 皇이였던 伏羲가 即位 하였을 때 하늘이 그 德을 讚揚하여 予州의 榮河에서 龍馬가 出現하였으나,그 龍 馬의 등의 旋毛가 斑文을 짓고 있었다. 그 斑文의 數와 數의 配置를 보고 八 卦를 그렸으니 이것을 河圖라 하며 先天定位라고도 한다.

洛書傳說

堯帝의 時代에 洪水가 일어나 人民들이 困窮하였음으로 鮐에 治水工事 를 命하였으나 堤防을 쌓아 水害를 막으려 하였기 때문에 九年을 經過하 여 成果가 나타나지 않으므로 舜이 天子가 되었을때 鮐의 子인 禹에 治水 工事를 맡겼다. 禹는 命을 받고는 여러차례 自宅앞을 지나치면서도 自宅 에 들리지 않을 程度로 熱心히 工事에 沒頭하였으므로 顯著한 成果를 올 려 十三年 걸려 드디어 治水하기에 이르렀다. 天이 그 功績을 讚揚하여 洛 水에서 神龜가 出現하였으나 그 등에 圈點이 글려 있어 頭部九點, 下部에 一點, 左에 三点, 右에 七點, 肩에 二點과 四點, 足에 六點과 八點이 있었으므 로 이 것을 洛書라고 하니 後天定位라고도 한다.

龍馬와 神龜는 太極

「河에 圖를 出現하고 洛에서 書가 出現하였으므로 聖人은 이것에 依해 八卦를 考案하였다」라고 책에는 실려져 있으나 易學者들의 諸説을 紹介한 다면 「河圖는 伏羲氏가 天下의 王이 되었을 때 龍馬가 河川으로 부터 出現함으로 그 旋毛를 바탕삼아 八卦를 그렸다. 洛書는 禹가 治水하였을 때에 神龜가 洛水에서 出現하였으나 등에 九까지의 數를 줄지어 있었다. 禹는 이것에 因하여 九類를 作成하였다. (孔安國)

「龍馬는 그림을 등에 업고 河川에 出現하였고 神龜는 글을 싣고 洛에 出現하여 金・木・水・火・土의 相生과 相尅의 數를 갖추어 있었기 때문에, 聖人은 이것을 바탕으로 蓍數의 進退, 卦画의 方法을 만들어 냈다. 이것을 易을 짓는 原이다. (周易述義)

「河圖는 一에서 十五까지의 數가 馬背에 있어서 그 旋毛의 過卷은 星象이니 이것을 圖라 한다」 (臨川呉氏)

「伏羲氏가 天의 命에 依해 王이 되었을 때 河圖를 받고 그린 것이 八卦이다. 禹가 洪水를 다스려 洛書를 賜受하여 이것에 依해 陳述한 것이 九疇이다. 河圖와 洛書는 經緯가 되고, 八卦와 九章은 表裏가 되는 것이다」 (劉歆)

「所謂 河圖 洛書에 이르러서는 漢唐註疏에는 그 무엇을 詳細히 밝히고 있지 않다. 至今 傳해지고 있는 二圖는 華山道士陳搏圖南이 邵子에 傳하여 朱가 이것을 利用하여 易經을 解得하였다. 至今으로 부터 宋代를 본다면 宋은 옛이나, 羲・禹・周・文王의 時代로 부터 宋代를 본다면 幾千萬年의 뒤가 되는지 모른다. 兩漢・南北朝의 儒人들은 그에 對해서 分明히 하지 않고 있다. 唐宋時代에 나온것이라면 疑心스러우나 經書에 依해 考察한다면 周의 成王은 『河圖는 天球儀와 함께 王宮의 東의 大學에 있다』라고 遺言하였다. 即 그는 儼然하게도 當時에 傳해져 있었던 것이다. 孔子는 鳳鳥와 함께 洛書에 對하여 論述하고 있으나 그것들의 古代 帝王의 始初에 出現한 貴重한 것으로서 歷代의 宝物로서 傳해져 國家를 鎭壓하는 周代의 鼎이나 漢代의 璽印과 같은 것이었다」 (伊藤長胤)

라고 하니 河圖・洛書가 바탕하여 八卦와 九星이 생긴것 같이 되어 있으나, 龍馬라든가 神龜는 지나치게 比喩하고 있으면서도, 어느 누구노 그 實

－35－

体에 對해서는 論及을 하지 않고 있다.

龍馬와 神龜의 등에 八卦가 그려져 있었다는 것은, 八卦는 陰과 陽이 元으로 相生한 것이므로 陰陽의 原体上에 八卦의 配置圖가 그려져 있었다는 뜻이 된다.

陽으로 代表하는 『乾爲天』의 卦는 〝龍〟으로 表現하고, 陰을 代表하는 『神爲地』의 卦는 〝牝馬〟로 表現하고 있다. 即 龍馬란 〝陰陽〟을 象徵한 言語이기 때문에 周礼夏官에서 말하는 「八尺以上의 馬를 龍馬라 하나 特異한 말을 뜻한다」等 實際의 馬를 생각하고 있었다면 先天定位盤의 解明이 어려우며 또 龜는 〝內柔外剛〟이라는 動物로 불리어져 있으므로 神龜라고 하는 것도 陰陽을 象徵한 言語이다.

무릇 古代中國은 〝文字國〟이라 稱하였던 만큼 대단히 含蓄性있는 文章을 그렸기 때문에 後世에 이르러서도 不凡流的인 人間들의 誤解를 받아 「龍馬니, 神龜니 하는 그런 엉터리 같은 것을 우리들 有識層을 諒解할수 없다.」 라고 하는 까닭에 實로 論理的인 構成을 지닌 先天定位나 後天定位도 結局은 迷信取扱을 받게 되었다.

先天定位의 構成

普通 陽陰이라고는 말하지 않고 陰陽이라고 밀 하지마는, 陽은 前進하고 陰은 後退하는 原理에서 언제나 陽에서 始作한다. 先天定位도 ≪卦의 順序에 따라 配置되어 南에서 부터 左旋하여 乾~兌~離~震인 東北으로 나아가 이곳에서 北으로 옮기지 않고 變과 西南으로 뛰고, 右旋하여 坎~艮~坤과 北에 끝이고 있다.

≪氣學≫에서는, 東北은 變化의 定位임으로 東北方位로 移動하여도, 또, 生年精氣가 東北坐로 運行하였을 때도 반드시 運氣에 큰 變化가 일어난다고 説明하고 있다.

十二支로 云謂하면, 東北은 丑寅(八白)의 坐로서 終(丑) 始(寅)의 機運을 맡았기 때문에 變化의 坐라고 하는것도 諒解되지 마는 八卦의 順位가 左旋에서 갑자기 右旋으로 變異하는 坐이기 때문에 強한 影響을 일으키는 까닭으로 옛 부터 鬼門이라 稱하여 두려워 하였던 까닭이다.

後天定位의 構成

先天定位盤은 南의 乾(六白)에서 始作하여 易의 順位를 따라 進行하여 後天定位도 亦時 陽에서 始作하지 마는 始點은 南도 아니고 六白의 坐에서 부터도 아니니 最初의 陽數인 三碧의 坐에서 四正이(東·西·南·北) 일어 나 다음에 最初의 陰數인 二黑의 坐에서 四隅(西南·東南·東北·西北) 가 일어나고 있다.

(四　　正)

$3 \times 3 = 9$ (九紫)

$3 \times 9 = 27$ (七赤)

$3 \times 7 = 21$ (一白)

$1 \times 3 = 3$ (三碧)

(四　　隅)

$2 \times 2 = 4$ (四綠)

$2 \times 4 = 8$ (八白)

$2 \times 8 = 16$ (六白)

$2 \times 6 = 12$ (二黑)

또 繫辭上篇에는 "參天兩地"라고 하여, 三은 天의 數며, 二는 地의 數로 하고 있다. 또,

「萬物은 震에 出하지 않고, 震이란 東方이다」라 하며

「帝는 震에서 出하고 離에 나타나서 坤에 致役하며, 兌에 說言하여 乾에 씨우며 坎에 傍하여 艮에 成言한다」라고 하여 東~東南~南~西南~西~

-37-

西北~北~東北의 順位로 끝이고 있다.

　그런데 後天定位는 迷信攻擊의 좋은 材料로 되어 있다. 『術』(1956刊)을 引用하여 보면

　「(前略) 一種의 數字의 構成을 基礎로 하여, 그 위에 짐짓 점잖은체　하는 卓上空論을 아무렇게로 綴字한 作爲的인 解釋法에 不過하다.

　그 基礎가 되어 있는 數字라는 것은 다음 圖示이다.

2	9	4
7	5	3
6	1	8

　이것이 앞에 述한 所謂 洛書인 것으로서 洛水에서 出現한 靈龜의 등에 四·五箇의 圈點이 붙어 있었다. 그 數의 配置가 上記한 바와 같이　三方陣으로 되어 있었다는 뜻이다.

　이 數字를 가로로 加算하여도, 세로로 加算하여도 對角으로　加算하여도 어느 쪽이든 모두 十五가 된다. 이것은 稀貴하다. 이것에는 무엇인가 天意가 內包된것이 分明하다 라고 하는 後世의 陰陽家가 이것을 九星이라고 부르짖으며, 運命推理의 体系를 構成하는 材料로 하였음에 마음 내키는 데로의 생각外에는 아무것도 別 다른 理由는 없었다.

　이 三方陣은 西歐에서는 魔法四角이리히히여 古代 그리스의 피타고라스時代부터 알려져 있었으나, 中國에서는 秦·漢때 알려져 前漢時代에는　記錄上에도 나타나 있으나, 曆日이나 方位에 九星을 配分하는 것은 隨나라　時代부터 始作되었을 것이라 말하여 헐뜯고 있다.

　정말 九數方陣은 〝마짘·스코어〞라고 말 할수도 있겠지. 그러나 〝마짘·스코어〞를 만들 作定이였다면 左右의 數를 바꾸어 넣은 方陣이라도 같았을 터인데 왜 後天定位와 같은 數字를 配置하였을까.

4	9	2
3	5	7
8	1	6

後天定位數를 左右
바꾸어 놓은 圖

　세로의 數가 9 · 5 · 1이라고 한다면 左右의 數를 바꾸어 넣어도 가로

·세로·對角의 數의 合은 亦是 15가 되지마는 이 配置로서는 易理의 解
說은 不可能하다.

後天定位의 數의 配置는 古人이 數的인 遊戲를 즐겨 만든 〝魔術의 四角
形〟에 易理를 알맞춘 것은 아니고, 易理의 精粹를 다하여 만들어 낸 數의
配置가 間或 〝마짐 스코어〟와 相通한것 밖에는 다른 뜻은 없다.

九精氣 運行의 수수께끼

九精氣는 後天定位盤에 敷設된 軌道上을 無限하게 運行을 繼續하고 있
으나, 이 運行의 順序가 띄엄 띄엄이므로 「九星의 飛泊」이라 하며 「九星의
遁甲」이라고도 한다.

그러면 「왜 띄엄 띄엄으로 運行하는가」라는 疑問은 누구나가 가지지만,
中國 古書에도 解説하고 있지 않으며, 日本의 1700年末期의 九星書에도 方
鑑書에도 説明이 없기 때문에 1930年代에 들어서면서 여러 사람들이 온갖
臆説을 提唱하고 나섰다.

「(前略) 本來 五行의 色은 五黃土星 하나만이 完全하고 나머지는 變色
하든가 混濁하여지고 있다. 이것으로는 五行의 配置와 方角이 無視되어
있기 때문에 權威를 保存할려고 하여 이 九星을 爲해서 各 하나의 宮殿을
지었다. 그 宮殿의 이름은 亦是 八卦의 이름을 따서 지었으니 次圖와 같
다.

한가운데는 빈 자리가 되기 때문에 그것을 中宮이라
이름 지었다. 이래서 九宮殿이 생겼음으로 五黃土星을
그 中宮에 넣어 奉했다. 이것은 그 有名한 黃帝軒轅氏
가 『土德의 瑞有하고, 土色은 黃하니 故로 黃帝라 한
다』라고 있는데서 暗示를 얻었을 것이다. 거기서 九
殿에 九星이 들어서게 되었다.

坤宮	離宮	巽宮
兌宮	中宮	震宮
乾宮	坎宮	艮宮

이것으로서, 黃帝를 中心으로 各王殿下가 그 周圍를 지켜서 天下는 泰
平하였을 것이다. 그런데 中國人의 思想과는 根本的으로 相違되는 點이
있으므로 이 九殿에 一帝八王을 그대로 安置하여 들수 없는 理由가 있다.
(中略) 이 九星을 훌륭한 宮殿에 넣어 보았으나 그것이 萬世一系로서 黃
帝이 中宮에서만 있어서는 中國社會情勢에 合常하지 않다. 그러므로 一年

에 한번씩의 大革命이 일어나 黃帝가 中宮에서 追放되어 西로 또는 東으로 蒙塵하여 十年째에야 中宮으로 돌아온다. 그런데 또 다시 革命이 일어나 黃帝는 中宮에서 追放된다는 境遇에 이 中宮의 五黃을 飜弄하는 革命 思想을 說明한 것이 이 九星說이 된 것이다. (中略) 어째서 이렇게 여기저기로 쫓겨 다니는 宮殿이 定해졌는가고 하니 이것에는 한갖 조종하는 장치가 있다. 그것은 實로 제 정신도 없는 것으로서, 九는 八에, 八은 七에로 하나씩 減해서 가면 좋은 것이다.

조종하는 장치는 極히 簡單하나 매우 複雜한것 처럼 보인다. 이것에 上元·中元·下元 180年의 循環法이 있기도 하여 專門家가 아니면 쉽게 理解하지 못할것 같으나 極히 쉬운 일이다. (『迷信 이야기』1938年 刊)

아무리 〝易〟을 모른다 하지만 實로 無責任한 옛 이야기이다.

「九星의 五中의 數理의 飛宮을 하는 方法은 初步者 이든 有能한 者이든 왜? 그와 같은 〝갈지(之)〟字 같은 運動을 하는지의 수수께끼가 理解되지 않는것 같이 보인다. 大部分의 讀者들도 疑問을 틀림 없이 가질 것이다. 一般的인 考察上에서 보면 「河圖·洛書」의 構成이 그렇게 되어있음으로 그 記号에 따르면 必然的으로 그 〝갈지〟字式의 運動을 하는 것이라고 漠然하게 生覺하는 讀者도 있을 것이다.

그러나 그 回轉에 對해서는 上記와 같은 解釋으로서는 올바른 解釋이라고는 할수 없다. 가징 重要한 視點은 河圖와 洛書의 中央에 그려져 있는 『十字』의 紋章으로서 이 十字의 紋章에 수수께끼를 푸는 열쇠가 숨겨져 있다. 그러나 現在까지의 解釋으로서는 單純히 五를 意味하는 것이라고 單純하게 생각하는 大勢를 크게 차지 하고 있지마는, 이것으로는 裏面에숨겨져 封織된 密義는 매우 어려울 것이다.

太古의 思想視에서 본다면, 中央에 있는 十字架의 圖象은 天皇을 象徵하는 神紋으로서 明津·明都·秋津·秋都·開津·開都의 四相의 活動을 意味하며 그 活動은 또한 八相이기도 하다.

이 著書는 두번째에는 密義라고 말하고 있지마는, 어린이가 부질없는 물건을 가지고 제나름 대로 價値를 評價하여 「이것을 秘密스러운 宝物이야」라고 하면서 滿足하게 여기는것과 비슷 하지마는 全卷內容이 遊戱로서 始作하기 때문에 漸漸 眞理는 멀어지기만 하여 獨走를 演出하고 있다.

「後天定位에 對해서도 即 一般的으로 定説로 되어 있는 五中의 方陣을 中國의 『易經繫辭傳』에 있는 河圖와 洛書를 基本으로하는 説은 誤認으로써 平面的인 解釋의 領域을 벗어나지를 못하는 것이다.

魔方陣이라는 말로 부터 漢字의 『魔』라는 말은 무엇을 意味하고 있는가를 全然 모르고 있는 것이다. 太古에 있어서 間의 哲理로서 時空間을 象徵하는것 뿐이 아니고, 모든 것을 生成하는 母胎를 象徵하고 있는 것 으로서 (中略) 表面的인 數字가 지닌 不可思議에만 興味를 빼앗긴 結果 『마』의 哲理가 어느듯 잊어버려져, 『魔』라고 생각하기에 이르렀다」고 하지마는 魔方陣이란 magic square의 譯語로서 마짐에는 魔法・魔術의 意味가 있으나 ˮ不可思議ˮ라는 意味도 있으므로 ˮ不可思議한 四角形ˮ라고 譯하여도 좋다. 아니 이쪽이 適譯이기도 하다. 縱・橫・對角 어느쪽으로 세어도 十五가 되는 數의 짜임세를 ˮ魔의 方陣ˮ이라는 너무 지나치고 「어느 쪽으로 세어도 十五가 된다. ˮ홍ˮ이것은 不可思議한 ˮ四角形ˮ이구나」라고 하는 것이 人間이 誠實하게 받아 들이는 方法인 것이다.

最初의 譯者가 人間의 感受性에 좇아 ˮ不可思議한 四角形ˮ이라고 譯하고 있다면 『數靈의 四次元』의 著者는 어떠한 억지説을 研究하였는지 생각 할수록 익살맞기만 하다.

以上의 各説은 무어라 하든 九星이나 ≪氣學≫에 無知한 사람들의 말 버릇이므로 하는수 없다고 치고, 그러면 ≪氣學≫研究家의 説法을 들어 보자.

氣學宗家을 借稱했던 D氏는 其著인 『氣學入門』(1930年 刊) 中에서

遁 甲

○遁甲이란 天地自動의 大營作을 받아서 大氣의 運行 循環하는 經路를 말한다.

○大氣는 一極을 定하는가.

年月日時에 下記와 같이 流動하여 不止라.」

(註・後天定位盤上에 中央〜西北〜西〜東北〜南〜北〜西南〜東〜東南〜中央으로 화살표를 붙인 圖가 있으나 省略하였다)라고 論述하고 있으나, 全然 理論의 뒷받침이 없는 單純한 虛勢스러운 放言에 지나지 않는다. 그러나 아무리 비슷하다 하지마는 飛泊을 理由삼을려는 것은 내가 알기로는 그

가 最初인것 같다. 정말 G先生도 이 問題에는 言及하지 않고 끝맺었으나,
내가 1938年에 G先生의 實弟인 S先生을 訪問하여

「飛泊은 八卦의 乾 · 兌 · 離 · 震 · 巽 · 坎 · 艮 · 坤의 順位에 依해 움직이는
것으로 생각하지만, 確實한것은 모른다. G先生은 飛泊의 原理를 理解하지
는 못하지만 先生(S)은 알고 계시지요」라고 하니까 「글쎄 G도 모르겠지
만 나도 모른다. 그러한 것에 對하여 아는 사람은 當身程度 밖에는 없겠지」
로서 끝났다.

易 · 五行說 · 十干 · 十二支 · 九星에서의 神話나 民俗傳承을 解明 할려고
한 N는 其著書 『陰陽道』(1970年刊)에서

「九星이란 五를 中心으로 一 · 二 · 三 · 四 · 六 · 七 · 八 · 九의 八箇星의
遊星처럼 循環하고 있는 것이다. 五를 太陽이라고 보면 다른 八箇星은 遊
星이다.

우리들이 가장 옛날 考案하였던 八卦의 理論이 우리들이 살고 있는 天体
에 近似하게 되어온 것을 妙하게 생각하고 있다.

精神異常者의 이야기 같으나 原子는 原子核과 그 周圍를 감아도는 電子
와 엉겨 있다고 할수 있다. 이것을 太陽과 惑星에 準하고 있으나, 九星의
五를 中心으로 한 八箇星의 循環運動이 原子의 運動과 비슷하다고 하는날
을 남모르게 期待하고 있다.」고 하고 또

「後天定位圖에 一부터 九까지의 數를 配置한것을 後天定位盤이라 한다.
後天定位盤은 天地의 後天的 作用이 바야흐로 胎動할려고 하는 狀態를
나타낸 것으로서, 即 大氣原子의 活動은 次圖(註 · 運行圖는 省略)처럼 循
還한다고 생각하였다. 이것을 八幡遁甲 이라고도 한다」고 쓰여져 있다.

〝八幡遁甲〞란 무엇일까? 氣道를 研究한지 四十數年이나 된 나에게도
그것은 初聞이다. 그것은 그렇다 치고, 그야말로 宇宙科學時代의 出版物답
게, 飛泊이 原子의 運動에 結付되어 왔다. 그런데 『氣學占方入門』(1973年
刊)에는,

「九箇星은 年年히 그 運動法則에 따라 變化하여 十年만에 元位置로 되
돌아 간다. 이 運動法則은 下圖(註運行圖는 省略)에 揭示한것과 같이 運動
法則으로 滋氣運動과 비슷하다. 勿論 古代人이 滋氣運動을 學問的으로 알
고 있었던 것은 아니지마는 偶然의 一致라는것도 滋味있는 일이다.

-42-

(中略) 事物의 始作은 매우 困難한 狀態에서 始作되고 있다. 人間이 出生하는것도, 作業을 처음 일으키는것도 모두 困難에서 出發하고 있다. 그러므로 一白은 가장 困難을 나타내는 坎宮에서 始作하고 있다.

二黑은 일하는 星이며 篤實한 별이다. 어려움을 解決하는데는 篤實하게 일을 부지런히 하는데 있으며, 坤宮이 一白이 되는 까닭이 된다고 말 할수 있다.

功成하면 慢心하고 强欲을 일으켜 五黃의 定位인 中宮에 이르게 된다. 그러나 慢心은 粉爭을 끌어 일으켜 爭星인 六白의 定位인 乾宮으로 가며, 다시 女色에, 술에, 美食에, 道樂의 길로 달리는 것이 世人들의 常情이다. 거기서 道樂의 별인 七赤兌宮으로 옮겨 消耗生活을 限없이 다하기에 이른다. 그러나 그러한 消耗生活도 언제까지나 繼續 할수는 없어 生活의 改革 또는 變革이 要求됨에 改革의 별인 八白艮宮으로 옮겨 다시 名譽를 挽回하여 名譽의 별인 九紫離宮에 이른다.

即 九星運動의 原理는 人生流轉, 佛教에서 말하는 輪廻의 法則과 同一히여, 惡한 일을 하고서는 反省하고, 反省하고서는 또다시 惡한 일을 犯하여 漸漸 洗練된 人生의 길을 걷는 그 形態를 取入한 것이다.」라고

飛泊에 對해서 原子運動說이 나왔는가 하면, 여기서는 滋氣運動說이 나왔다.

占術家의 大部分은 各自가 專門으로하는 占術에 科學的 結符를 求하는 氣分은 哀借하게도 衰退性이 切實한 느낌이 있다. 그러나 占術은 科學이 아니며 또 科學이 되어서도 안된다.

『陰陽道』의 著者는 飛泊의 順序는 大氣原子의 循還과 같다고 생각하여 『氣學占方入門』의 著書는 飛泊의 順序가 滋氣運動과 비슷하다고 말하고 있지만 생각한다든가 비슷하다든가 만으로는 理論이 成立되지 않는다.

그것에 『氣學占方入門』의 著書에는, 飛泊은 北方부터 始作한다고 說明하여 九星運動의 原理는 人生流轉의 形態라고 結論짓고 있으나, 飛泊은 西北方에서 부터 始作하기 때문에, 北方에서 부터 始作한다고 해서는 原理의 解明으로는 되지 않고 또, 後天定位는 人生流轉의 形態를 複寫한것도 아니다.

後天定位의 飛泊의 原理를 說明함에 있어서 大氣의 流動이니, 原子運動이니 노, 磁氣의 運動等이니 하는 것은 다만 부질없는 생각에 지나지 않으

며,何等의 科學的 根據은 없다. ≪氣學≫의 基本이 되는 飛泊에 對해서, 研究家가 이런 曖昧한 論述을 해서는 困難하다.

틀림없이 九는 八에, 八은 七에로 數가 하나씩 줄어 있다. 그러나 이것은 西北에서 西로 飛泊함으로 數가 減하여지는 것이며, 이것이 東南에서 東으로 飛泊한다면 數가 하나씩 增加되어 간다는 것이다. 그러면 왜, 巽宮~震宮에게로 運行 하지 않고, 乾宮~兌宮에로 運行하는지의 理由는 ○氏 等이 알 까닭은 없지마는 그 方面의 專門家가 괴로운 나머지에 科學說을 들먹여 香茶를 濁하게 만들려는 程度이니 그야말로 初步者가 모르는 것은 當然하다.

運行原理

東南에서 東으로 運行하지 않고, 西北에서 西로 運行하는 理由도 ﹁之﹂字 모양으로 運行하는 理由도, ﹁易﹂의 原理에 立脚하여 풀이 한다면 自明하다.

그러나 先天定位盤을 잊고 後天定位盤을 解明할려고 하니 어떻게 할 수 없어 結局 덧없이 꿈을 科學에 結符시키게 되는 것이다.

先天定位盤은 乾~兌~離~震~巽~坎~艮~坤의 八卦가 圖와 같이 配置되어 있다. 그러면 八卦의 生成은 『繫辭傳·上篇』에서 說明한것 처럼

先天定位盤

「易에 大極있어 이는 兩儀를 生하고 兩儀는 四象을 生하며 四象은 八卦를 生한다」
라는 次第이나 太極은 唯一이지만, 相對의 形式으로 表現한다면 陰과 陽이 結局 兩儀이다. 陽을 「━」로 表示하고 陰을 「━ ━」로 表示하지마는 陽에는 陽中의 陽「▆」과 陽中의 陰「▆」이 있고 陰에도 陰中의 陽「▆」과 陰中의 陰「▆」이 있어서 이것이 四象이다.

「▆」을 老陽이라고 하니 夏. 「▆」을 小陰이니 春 「▆」을 小陽이니 秋. 「▆」을 老陰이라고 하니 冬이 되고 다시 陽의 陽의 陽인 것을 「▆」로 하고, 陽의 陽의 陰인 것을 「▆」로한것에 依하여 八卦가 되니, 이것을 小成의 卦라 한다.

-44-

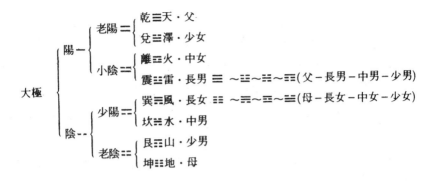

大極
- 陽 —
  - 老陽 ⚌
    - 乾 ☰ 天·父
    - 兌 ☱ 澤·少女
  - 小陰 ⚎
    - 離 ☲ 火·中女
    - 震 ☳ 雷·長男 ☳ ～☳～☳～☷(父－長男－中男－少男)
- 陰 --
  - 少陽 ⚊
    - 巽 ☴ 風·長女 ☴ ～☴～☴～☷(母－長女－中女－少女)
    - 坎 ☵ 水·中男
  - 老陰 ⚏
    - 艮 ☶ 山·少男
    - 坤 ☷ 地·母

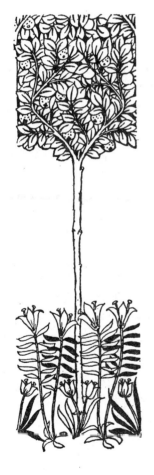

以上으로 理解된것 처럼 〝易〟의 思想은 陰陽이 根本으로 되어있다. 그러므로 陰과 陽의 原理를 無視한다면 百年河川을 기다려 언제까지 지나도 飛泊은 解明되지 않는다.

「陽은 增加하고 陰은 減少한다」

「陽은 前進하고 陰은 後退한다」

이 原理에서 先天定位의 八卦配置를 究明하면,定位의 精氣는, 西北에서 西로 運行하게 되어 있지마는 東南에서 東으로는 絶對로 運行하지 않는 理由를 알수 있으며, 〝之〟字式의 運動이 原子의 磁氣運動과 全然 緣故가 없다는 것을 알수 있다.

惡殺氣發生 原論

從來는 〝暗劍殺〟이라고 稱하는 것이니「어둠 속에서 劍이 튀어 나와 죽게 된다」라고 하는것 처럼 되는 字句가 되므로 迷信적 스러워 本書에서는 暗劍殺이라 하지 않고《惡殺氣》라고 稱한다.

《惡殺氣》의 發生에 對해서는

① 不在坐 發生

② 五黃對中 發生

③ 後天定位 左旋發生
④ 定坐에 土精氣의 回坐發生
①에 對하여 後天定位에 있어서, 北方定坐의 一白이 中央坐에 들어가면
空坐가 된 北方位는 ≪惡殺氣≫가 發生한다.

西南定坐의 二黑이 中央坐에 들어가면, 空坐가 된 西南方位에 ≪惡殺氣≫
가 發生한다.
東方定坐의 三碧이 中央坐에 들어가면, 空坐가된 東方位에 ≪惡殺氣≫가
發生한다.
東南定坐의 四綠이 中央坐에 들어가면, 空坐가된 東南方位는 ≪惡殺氣≫
가 發生한다.
西北定坐의 六白이 中央坐에 들어가면, 空坐가된 西北方位에 ≪惡殺氣≫
가 發生한다.
西方定坐의 七赤이 中央坐에 들어가면, 空坐가된 西方位에 ≪惡殺氣≫가
發生한다.
東北定坐의 八白이 中央坐에 들어가면 空坐가된 東北方位에 ≪惡殺氣≫
가 發生한다.
南方定坐의 九紫가 中央坐에 들어가면, 空坐가된 南方位에 ≪惡殺氣≫가
發生한다.
以上은 中央한 精氣의 定坐에 ≪惡殺氣≫가 發生한다는 次例이다.

②에 對하여, 東方에 五黃이 運行하면 西方位에 ≪惡殺氣≫가 發生한다.
東南方에 五黃이 運行하면 西北方位에 ≪惡殺氣≫가 發生한다.
南方에 五黃이 運行하면 北方位에 ≪惡殺氣≫가 發生한다.
西南方에 五黃이 運行하면 東北方位에 ≪惡殺氣≫가 發生한다.
西方에 五黃이 運行하면 東方位에 ≪惡殺氣≫가 發生한다.
西北方에 五黃이 運行하면 東南方位에 ≪惡殺氣≫가 發生한다.
北方에 五黃이 運行하면 南方位에 ≪惡殺氣≫가 發生한다.
東北方에 五黃이 運行하면 西南方位에 ≪惡殺氣≫가 發生한다.
以上은 五黃의 對中에 ≪惡殺氣≫가 發生한다는 次例이다.

③에 對하여

後 天 定 位 圖 定位精氣右旋回

東에 三碧　　西에 七赤
東南에 四綠　西北에 六白
南에 九紫　　北에 一白
西南에 二黑　東北에 八白

　上은 後天定位의 配置이다. 이 定坐精氣가 定坐에서 右旋하면 八精氣는
모두 ≪惡殺氣≫를 띄게 된다. 即 東方 定坐의 三碧이 右旋하여 東南位로
옮기면 ≪惡殺氣≫로 化하여 東南定坐의 四綠이 右旋하여 南位로 옮기면
≪惡殺氣≫로 化하게 된다.

　④에 對하여 一白·四綠·七赤의 集團들이 ≪惡殺氣≫를 띌 때는 이것
들의 三精氣의 後天定坐로 八白土氣가 回坐하고 있다. 또 三碧·六白·
九紫의 集團이 ≪惡殺氣≫를 띌 때는 이것들 三精氣의 後天定坐로 二黑土
氣가 回坐하고 있다. 即 五黃土氣의 直射와 定坐의 土化作用으로 ≪惡殺
氣≫가 發生하는 것이다.

　「一白·四綠·七赤」에는 八白土精氣의 影響이 있으며,「三碧·六白·九
紫」에는, 二黑 土精氣의 影響이 있으나, 旺의 十二支 (子卯午酉) 所屬 九精
氣가 陽性土精氣(八白)의 影響을 받아 墓의 十二支(丑辰未戌) 所屬九精
氣가 陰性土精氣 (二黑)의 影響을 받고 있다.
　더욱 二黑·八白도 五黃土氣와 後天定位의 定坐土化로 ゛惡殺氣〟가 發生
하고 있다.

結　論

①不在坐 發生說은 空家에는 凶事가 일어나기 쉽다는 實生活에　符合되지마는, 그것은 活斷의 應用論이며 原論으로는 中央은 五黃土精氣의　定坐임으로 五黃以外의 八精氣가 中央坐에 들어오면 五黃과 함께 만나게 되므로　土氣의 影響이 그 八精氣에 나타난다고 解明해야 할것이다.

②五黃對中 發生說은, 土氣의 直射에 依해 對中의 精氣가 腐敗하기 때문에 ≪惡殺氣≫를 發生하게 된다.

土氣에는 生育의 作用과 腐敗의 作用이 있으나 五黃은 腐敗作用을 일으키는 土氣로서 ①②는 腐敗作用의 影響에 依해 發生하는 惡殺氣이지마는 ③의 左旋에 依한 惡殺氣 發生은 陰化消滅의 理致에 依한것이다.

더욱 二黑과 八白은 中央〜西南〜東北은 地表임으로 크게 陰轉하는　것에 依해 ≪惡殺氣≫가 發生한다.

그래서 ④는 八精氣에 惡氣가 發生하는때는 반드시 그 定坐에 土氣가 들어 박혀 있기 때문에 ①②③은 어느것이나 惡殺氣發生과 土精氣의　關係를 明示하고 있다.

그러므로 ④로서는 三合法의 旺과 墓에 所屬되는 六精氣가 坐에　所屬되는 二精氣에 影響되게 되어 있으나, 人間의 壯年・活動期(旺)도・老年・隱退・恍惚期(墓)도・出產・幼兒期(生)에 있어서의 結果라고 할수 있다.

土의 殺氣

九精氣 속에서 ˝殺˝字가 붙어 있는것은, 五黃土精氣 뿐으로서, 다른　二箇의 土精에는 ˝殺˝字는 붙어 있지않다. 그러나 小兒殺을 調査하여 보면, 一白・四綠・七赤等 土에 緣이 없는 精氣는 殺力을 띄지 않으나, 二黑・五黃・八白・三碧・六白・九紫等・土에　緣이 있는 精氣가 殺力을 띄게 되어 있다.

G先生은 언제나

「一時的인 居住를 爲해서는 四隅의 吉方을 利用하여도 無妨하지마는, 最後이 永住를 爲한 住居地를 選擇해야할때는 四正의 吉方을 擇하지 않으면 안된다.」라고 말하였지만, 一白·四綠·七赤은 殺力을 띄지 않는다는 것이 判別되는것 처럼, 子·卯·午·酉의 方位는 土氣를 內包하고 있지는 않다.

土는 萬物을 生育하고 있으나, 萬物을 死滅시키는 것도 土이다. 이것에 依하여 이를 考察한다면, 一時的인 居住를 爲할 때는 四隅의 吉方을 利用한다면 運을 生育시켜 주겠지만, 그대로를 오래도록 居住한다면, 마침내는 土化消滅하여 버리게 될것이다.

定位對衝説에의 反論

『氣學 이야기』(1966年刊)에 『定位對衝』(凶方)―――定位對衝은 氣學上 가장 새롭게 創見되었던 學術의 名稱이다」라고 쓰여져 있었으나, N氏가 「生月의 占方」(1954刊)을 出刊하였을 때, 『定位對衝』説을 提唱하고 있는 것을 이 책에 썼더니 많은 反應을 불러 일으켰다」고 말하였다.

이러한 좋은 말을 듣고 보니, 선뜻 『定位對衝』에 뛰어 들었으나, 興奮이 가라앉혀 곰곰히 생각하여 보니 『定位對衝』이란 것은, 南의 一白·西의 三碧·西北의 四綠·東南의 六白·東의 七赤·北의 九紫等으로서, 後天定位와 反發相害하고 있다.

『定位對衝』凶方説을 提唱한다면 덧붙여서, 西南의 一白·東의 二黑·東南의 二黑·北의 二黑·西北의 三碧·東北의 三碧·西南의 三碧, 西의 四綠·東北의 四綠·西南의 四綠, 東의 六白·南의 六白, 東南의 七赤· 南의 七赤, 東의 八白·東南의 八白, 北의 八白, 西北의 九紫도 使用 不可能한 凶方으로 하지 않으면, 理致에 合當하지 않는 것이 아닐까. 이것들은 後天定位와 모두가 反發相害하고 있기 때문이다.

日本의 易人學校의 創立者인 K氏에게 用務가 있어 N氏와 함께 그를 訪問하였을 때, K氏는 눈이 매우 부어 올라 病臥中에 있었다. 그 때 K氏는 「나는 七赤以外는 利用할수 없지마는 今日의 東쪽은 定位對衝으로 入院을 하기 爲한 吉方이 없는것 같소」라고하니 N氏는 「글쎄 올시다」라고 말하고 있다. K氏는 얼마 뒤에 別世하였지 마는, ″定位對衝″이라는 말에 對하여 지나치게 얽메였던 悲劇이라고 느꼈다. 後天定位와 年盤九精과 反發하고 있는 方位라도, 生年精氣를 生成하는 方位 入院하여도 無妨하다. 그러나 南方의 一白만은 吉方이라도 移徙를 勸誘하지 못한다.

이와 같은 것은 『周易・繫辭上篇』에 「天地定位(中略) 水火相剋」이라고 說明하고 있는 것처럼, 五行相剋가운데 ᷇水火相剋₊이 絕對的으로 强烈하기 때문이다. 이 思考는 人類共通인것 같으며, 中美地域의 古代 아스테카族은 火와 水의 그림으로 ᷇戰爭₊을 나타내었다.

南方의 一白을 最高의 凶方으로 삼는 理由는 後天定位盤九紫火精氣와 年盤一白水精氣의 二盤相害뿐만이 아니고, 三盤相害方位이기 때문이다. 그런데 北方의 九紫도 三盤相害方位이지만, 極陰의 方位인 故로 南方처럼 强烈한 凶作用이 나타나지 않을 뿐이다.

氣學과 日常生活

《氣學》은 吉方位를 利用하여, 吉相인 住宅에 居住하며, 그 方德을 입고 開運發展하는 것이 目的이지만, 日常生活에도 應用의 範圍가 넓어 《氣學》을 活用한다면 護身術로서도 이것 보다 有用한것은 없다.

① 他人을 訪門할 때, 他人이 訪問하여왔을 때.

② 他人과 去來할 때.

③ 他人과 처음 面會할 때.

④ 물건을 購入 할 때.

等의 境遇에 事前에 吉相을 豫知할 수 있으므로, 日常生活을 利롭게 할수 있다. 그런데 移徒나 增築 또는 緣談이나 契約等의 吉凶을 알기 爲해서는 年盤·月盤의 九精을 利用한다. 그날에 일어나는 일을 아는데는 日盤의 九精氣를 利用한다. 日의 九精氣는 一般에게 市販되고 있는 月曆에 依해 그 날의 九精氣를 調査하기 바란다.

一白이라고 쓰여진 日에는 一白水精氣가 日盤의 中央坐에 들어간 날이므로 이날은 집안에 一白의 事象이 나타나는 것이며, 二黑이라고 쓰여진 날은 집안에 二黑의 事象이 나타나는 것이다.

一白水精氣 의 日

집안에 일어나는 事象

① 貧寒한 사람이 찾아온다.

② 病者가 訪問하여 오든가 또는 病者나 病患에 對한 話題가 생긴다.

③ 外務員이 찾아 온다.

④ 男女關係의 話題가 일어난다.

⑤ 交友關係의 話題가 일어난다.

⑥ 새로운 일거리에 對한 話題를 갖게 된다.

其他 모든 一白象意에 關係되는 事象이 일어난다.

危險豫知

一白日에는 『六白象意』의 물건을 購入하는 것이나, 六白生의 人物을 避하라.

또 『六白』象意의 事象이 나타나면 事前에 警戒하지 않으면 안된다.
① 時計
② 指輪(반지)
③ 犬
④ 自動車
⑤ 印章
⑥ 六白生의 사람.

이런것 들은 一例이지만, 故障되기 쉽거나 盜品을 當할 境遇는 災로서는 輕한 便이나 그 物品이 媒体가 되어 큰 災映을 招來하는 수가 있다.

例　一白日과 畜犬

단골로 다닌 자그마한 科理집을 訪問하여 안방에서 雜談을 하고 있으니까 뒷 門쪽에서 거칠은 畜犬이 뛰어들어 몇箇의 花盆을 뒤엎고는 어디론지 사라져 버렸다.

「이건 甚한 災難이다」고 뒤 處理를 하면서 그날이 一白였음을 알았음으로

「오늘 저녁은 단골 손님 以外는 받지 않은 것이 좋을것 같다」라고 注意시키고 돌아 왔다. 그날 밤 트럭의 運轉技士인 낯 익은 손님이 後輩를 데리고 四名이나 왔으나 初面인 後輩손님中의 한사람이 다른 손님과 엉키어 對答하는 말투가 氣分 나쁘다면서 크게 亂動을 부려 器物과 유리窓門이 부서져 뜻밖의 損害를 입었다.

一白이 中央坐에 들면 六白이 惡殺氣를 띄게 됨으로 一白日에 六白象意의 畜犬이 庭内를 휩쓸어 간것은 저녁이 되어서 부터 六白惡殺氣의 現象이 일어난다는 豫告로서 結果는 四名의 運轉技士에 依한 災難을 받았다는 뜻이다. (四는 六白의 象數이며, 自動車는 六白의 象意이다.)

例　一白의 月과 文庫의 破損

1973年 9月에 서울에서 施行한 "第二次世界豫言者大會"에 招待받아 參席하였기에 韓國易人들과 親交의 機會를 가졌다. 그래서 1974年 6月에 數名의 易人들이 永遠히 남길수 있는 記念品으로서 韓國特有인 螺鈿의 文庫를 寄贈하고 싶다는 申請이 있었으나, 엄청나게 高價인 物品인데다가 덧붙

여서 一白中央坐인 月이였기 때문에 厚意는 고마우나 高價인 物品을 받는 다는 것은 피로운 일이기에 謝絶하였다.

그런지 얼마 뒤에 一미一터 크기의 文庫가 「羽田空港에서 直行하여 運搬 되어 왔다. 飛行機속에선지 空港에서 文庫의 발판이 빠져 있었으며 빠진 발판은 없어졌다는 것이다. 記念品으로 보내준 數名의 主人公들의 署名이 記入되어 있는 最高의 記念品이 이 貌樣이 되어 버렸다.

月破方位로부터 到來한 物品이 破損되었거 나, 月破方位에 到着하였기 때문에 破損이 일 어난다는 것은 當然한 現象이지마는 來往 方 位는 西의 三碧과 東의 八白의 關係가 되어 있다. 그것이 왜 이러한 結果가 나타난 것인 지는 文庫의 象意『六白』이 月破와 惡殺氣를 띠고 있었기 때문이다.

例 一白의 月과 故障난 時計

1937年 紀州高野山에 올라 密敎를 받았으나 새삼스레 九月에 접어 들면 서 부터 銀座의 H時計店에 注文한 時計를 부쳐졌다.

年月이 함께 四綠方位, 四綠은 『整理』의 意가 있으며 더구나, 나의 吉方 이기도 하여 반드시 愛用할수 있는 時計가 될것이라고 믿고 있었으나, 全 然 期待에 어긋나 時間은 틀리기 일수이며 자주 修理를 해야 할 구차스러 운 形便이었다.

이것도 時計의 象意『六白』이 惡殺氣를 띠고 있었던 結果이다.

二黑土精氣의 日

家內에서 일어나는 事象

① 老婆가 찾아 든다.

② 土地에 關한 이야기를 가지게 된다.

③ 就職에 關한 이야기가 오간다.

④ 옛 친구의 이야기가 나온다.

其他, 모든 二黑象意에 關係되는 事象이 일어난다.

危險豫知

二黑日에는 『八白』象意의 物品을 購入하는 것이나, 八白生의 人物은 避해야 한다.

① 쇠고기 或은 쇠고기로 만든 飮食 料理.

② 卓子책상.

③ 家屋賣買.

④ 八白象意인 職業을 가진 人物.

⑤ 八白生인 사람.

三碧木精氣의 日

家內에 일어나는 事象

① 젊은 男子가 온다.

② 電業社에서 사람이 온다.

③ 外務員이 온다. (注文은 保留할것)

④ 行商人이 온다. (商品은 購入하지 말것)

⑤ 珍貴한 事物에 對한 이야기를 듣는다.

⑥ 새로운 思想의 話題가 나온다.

危險豫知

三碧日에는 『一白』象意의 物品이나 人物은 避해야 한다.

① 飮料水

② 和洋酒類

③ 술장사 하는 女子

④ 貧寒人

⑤ 一白生인 사람

이날은 술 집 女性과 交涉을 가지면 두고 두고 苦悶의 씨앗이 되며, 돈 없는 사람을 相對하면 神通스러운 일이 생기지 않는다.

四綠木精氣의 日

家內에 일어나는 事象

① 遠方에서 손님이 찾아 온다.

② 木工具商이 온다.

③ 緣談이 생긴다.

④ 迷兒 이야기가 생긴다.

危險豫知

四綠日에는 「三碧」象意의 物品이나 人物은 避해야 한다.

① 스테레오

② 樂器

③ 鮨

④ 三碧生인 人物

例 四綠日과 鮨

「日前에 놀랐읍니다. 쓰레기통이 타고 있어서 요즈음은 凶스러운 일이 자주 있읍니다」라고 하기에 날을 물어 보았더니 一週日前의 四綠日이었다.

「손님이 찾아 와서 鮨(젓 갈)를 담았느냐」고 물었더니 「아니 손님이 名物의 鮨를 繕物로 가져 왔읍니다. 一鮨가 어떻게 됐읍니까?」라고 말 하였다. 即 가져 온 鮨(三碧惡殺氣)가 얼마뒤에 일어날 작은 火災를 豫告하고 있었던 것이다.

五黃土精氣의 日

家內에 일어나는 事象

① 失業者가 온다.

② 된醬을 받는다.

③ 옛 이야기가 생긴다.

④ 毀物이 들어온다.

⑤ 約束破談事가 일어난다.

六白金精氣의 日

家內에 일어나는 事象

① 僧侶가 온다.

② 弁護士가 온다.

③ 計理士가 온다.

④ 크다란 이야기를 듣게 된다.

⑤ 가방(빽)을 받는다.

⑥ 投資의 話題가 나온다.

⑦ 特許나 發明에 對한 話題가 나온다.

⑧ 政治 이야기가 나온다.

⑨ 競馬·競輪의 이야기가 나온다.

危險豫知

六白日에는 『七赤』象意의 物品이나 人物은 避해야 한다.

① 刃物 種類

② 餠·菓子

③ 鳥類

④ 鷄

⑤ 七赤生인 人物

七赤金精氣의 日

家内에 일어나는 事象

① 少女가 온다.

② 金錢 이야기가 생긴다.

③ 食物 이야기가 생긴다.

④ 놀이 이야기가 생긴다.

⑤ 戀人 이야기가 생긴다.

危險豫知

七赤日에는 『九紫』象意의 物品이나 人物을 避해야 한다.

① 書籍

② 繪画

③ 酒

④ 花草

⑤ 九紫生인 人物

例 七赤日과 酒

親知의 집에 慶事가 있어 招待받아 갔더니 늦게 온 사람이 한되 병을 두 병이나 가져왔다. 그날은 七赤日이 였기에 「이거 야단났다 저 술에 손을 대기 始作하면 큰일 난다」라고 생각하고 있는데 이윽고

「내가 가지고 온 술은 地酒이니 매우 맛이 좋으니 이것을 하지 않겠나」라고 하였기에 나는 中間에서 몰래 돌아와 버렸다. 뒤에 들은 바로는 來客한 同士들 間에 싸움이 벌어져 손을 쓸수가 없었다는 것이다.

술은 九紫의 象意임으로, 七赤日에 술을 받아 들이면 九紫惡殺氣가 家内로 侵入하였다는 것이 된다. 九紫는 醉意가 있으며 또 爭意가 있으므로, 惡殺氣(가지고 온 술)를 마시고는 大醉하여 惡殺氣作用이 나타났다는 뜻이다. 더구나 술 두병은 九紫의 數意이다.

例 七赤月과 離別

某人士의 이야기이나 女學生 時節의 친구가 南쪽에서 갑자기 찾아 와서 「性格이 맞지 않는 男便과 不滿스러운 生活을 나날이 보내고 보니 요즈음에 와서는 견디기 어려우므로 離婚을 決心하고 家出해 버렸다」는 것이다. 이야기가 成立될 때까지 一, 二週日 동안 묵게 해 달라고 울면서 哀願을 한다.

깜짝 놀랐으나 氣가 弱해 쫓아 버릴수도 없었으며, 그의 좁다란 所見이 時日이 經過하면 鎭靜되어 鄕愁에 젖어 本家로 되돌아 가겠지 하는 輕率한 生覺에서 그대로 묵게 하였다.

그런데 相對의 男便으로 부터는 家出을 誘引하였다는 怨恨을 사게 될것이며 이 地方의 風土에 익지 않은 탓인지 發病한지 半年以上이나 病床에 들어 박혀 完全히 緘口狀態이다.

그래서 그의 身運을 調査하여 봤더니, 七赤月에 생긴 일이었기에 九紫가 惡殺氣를 띄고 있다. 九紫에는 『生別과 死別』의 象意가 있어서 이 時期에 離別한 女性의 뒷바라지를 하는 것은 九紫惡殺氣를 품게 되어 있었던 것이다.

八白土精氣의 日

家内에 일어난 事象

① 投機꾼이 온다.

② 아기 업은 사람이 온다.

③ 짐을 등에 짊어진 사람이 온다.

④ 委託品에 집에 들어 온다.

危險豫知

八白日은 『二黑』象意인 物品이나 人物을 避해야 한다.

① 木綿織物 또는 그 製品

② 陶磁氣

③ 勞働者

④ 羊고기 및 꿀술

⑤ 糖物

⑥ 泄瀉하는 病者

⑦ 二黑生인 사람

九紫火精氣의 日

家内에 일어나는 事象

① 火災保險의 外務員이 온다.

② 警察의 臨檢이 있다.

③ 稅務調査를 當한다.

④ 學者가 訪問한다.

危 險 豫 知

九紫日은 『四綠』象意의 物品이나 人物을 避해야 하니 下記는 一例이다.

① 가스 器具

② 焚香

③ 旅行者

④ 航空關係의 人物

⑤ 신반類

⑥ 扇風機

⑦ 뱀

⑧ 四綠生인 人物

例 九紫日과 郵便

親知의 집에서 이야기를 하고 있는데 뜰에서 뱀이 나타났다. 親舊가 「아! 저런 크다란 뱀이……」라고 하는데 夫人이 「便紙가 왔읍니다만」하면서 건네 주었다. 제빨리 封簡를 찢고 읽기 始作한 親舊는

「—— 異象한 便紙다. 全然 모를 일이다」라면서 중얼 거렸다.

「封簡속에 便紙는 他人것과 틀린것을 넣은 것은 아닐까?」라고 하니

「—— 뭐. 그런가 봐. 모르는 사람의 名儀로 되어 있다. 内容은 輕率한 이야기다」라고 하였다. 이것은 『四綠을 音信으로 한다』이니 九紫日에는 四綠이 惡殺氣를 띄기 때문에, 四綠象意인 뱀이 나타났으므로 惡殺氣의 音信, 即 相違되는 便紙가 온다는 豫告가 있었다는 뜻이다.

例 惡殺氣 人物과 交涉의 損失

어느날 손님이

「知人인 有名한 画伯의 画帖을 三卷 가지고 와서 金錢 借用을 申請하였다. 나는 그림을 좋아 하며 또 그림이 틀림없는 것이었기에 萬一에 받아 놓더라도 損害되지는 않겠다고 生覺하고 現金을 빌려 주었으나 돈이 되돌아오겠는가」고 하였다. 交涉이 있었던 月과 交涉相對方의 年齡을 듣고 보니 月은 九紫中央坐로서 相對는 四綠生이었다.

「画帖은 三卷이라 하니 其中의 一卷은 汚損되어 있지 않았던가」고 물으니 「그래, 조금 破損된 곳이 있었다」라고 對答하였다.

「딱한 일이지만 당신은 한잔 먹혔다 相對는 당신이 書画를 좋아 한다는 것을 利用하여 僞裝品을 갖고 왔으니 언제까지 期待려도 物品을 引受 하러 올 理는 없을 것이다.」라고 하였더니 그는 確認하여 본 結果 亦是 僞造品이었던 것이다.

九紫中央坐인 月은 四綠이 惡殺氣를 띄고 있기 때문에 이 月에 四綠生인 人物과 交涉하면, 四綠의 惡殺氣와 因緣을 맺게 되는 것이다.

生年精氣의 惡殺氣

어떤 사람이든지 生年精氣에 惡殺氣를 띨 때는 精神이나 肉体에 惡殺氣에 作用함으로 이것을 考慮하지 않으면 안된다.

平素에 誠實하게 보이던 사람도 어떤 事情으로 窮하여 나쁜 行爲를 할 境遇도 있으며, 또는 健康을 자랑하던 사람이 갑자기 入院하는 수도 있다. 人間인 以上 自己의 利益을 爲해서 他人에 損害를 끼치는 行爲도 있으며, 人間이기에 언제 發病할지는 모를 일이지만 生年精氣에 惡殺氣가 띄었을 때, 他人을 괴롭히든가, 自身이 苦悶하는 수가 생긴다. 그러나 그 量과 質에 對해서는 微妙한 判斷을 要한다.

死 命 三 題

(1) 桶狹間의 싸움

1560年 庚申歲年盤   1560年 5月 月盤

1560年 庚申歲 5月 1日(陽曆 6月 4日) 今川義元은 全軍에 動員令을 宣布하여 十二 嫡男·氏真을 駿府의 番將으로 任命하여 四萬大兵을 이끌고 府中을 出發, 東海道를 떠났으나, 十八日에는 織田領에 들려 織田의 五砦를 擊破함과 함께 織田의 本拠인 淸州城을 攻略하게 되었다. 今川軍은 四萬, 織田軍은 不過 四千이니 數字上으로는 勝負가 되지 않으므로 決死의 覺悟를 한 織田은 十九日의 午前 二時

　　　"人間五○年 化轉함을 比긴다면

　　　　夢幻과도 같으니

　　　　世上에 한번 生을 받과

　　　　滅하지 않은 者 그 누구든가!!"

라고 읊으면서 謹少한 兵卒을 引率하고 未明의 城門을 벗어 났다. 織田은 善照寺砦의 西北方에 到着하였을 때 조금 멈추어 쉬었으나, 그 때 갑자기 豪雨가 來襲하여 왔다. 그와 同時에 今川軍은 桶狹間에 들어 義元(足利家)은 酒宴을 벌리고 있다는 情報가 入手되었다.

織田은 제빨리 高地로 進軍시켜 밑을 내려다보니 窪地에 幕舍가 즐비하게 서 있었으나 防備가 全然 되어 있지 않았다.「앞으로 進擊」하라고 織田가 북을 울리니 織田軍은 瞬息間에 山밑으로 뛰어 내려 今川軍 陣營을 攻略하니 敵將인 義元의 首級을 올렸다.

이 奇蹟的인 大勝利를 ≪氣學≫上으로 본다면,

　　今川義元——永世十六己卯歲四綠木精氣生
　　織田信長——天文三甲午歲七赤金精氣生

으로 駿府로 부터 桶狹間은 西方位이고 淸州城으로부터 桶狹間은 東南方位쪽이 된다. 1960年 (永綠)의 五月節은 七赤金精氣中央坐의 月이므로, 今川은 九紫惡殺氣方位로 進軍하고, 織田은 六白金精氣의 吉方位로 進擊한 것으로 되어 있다.

(2) 本能寺의 變

때는 1582年 壬午歲 六日節의 일이다. 明智光秀는 毛利元就의 攻略軍인 總大將 豊臣의 應援을 織田으로부터 命令을 받았다. 이미 謀叛할 決心을 한 光秀는 一萬三千의 兵力을 이끌고 龜山城을 出發하여 京都로 通하는 老峴을 向했다. 村落에서 크게 休息함에 兵糧을 消耗하고 桂川을 넘어 섰을 때 全軍에 織田攻擊을 밝히면서,

「敵은 本能寺에 있다. 進擊하라!」

年　　　盤　　　　　　月　　　盤

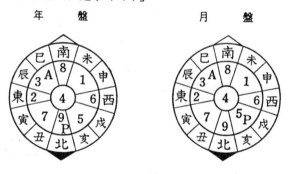

고 下命하였다. 한편 織田은 七~八○人의 近臣들과 本能寺에 留宿하면서 六月一日은 名物茶器 茶會를 開催하였다. 公家에서 온 貴人들과 그리고 僧侶 四○人이 넘는 賓客들은 茶會를 마치고 밤 늦게야 모두 돌아 간 一~二時間이 지난 무렵 本能寺 附近이 갑자기 어수선하여지더니 銃聲이 울려 퍼지기에 織田은 잠자리에서 깨어나 「설마?」하고 멈칫하고 있을 때, 臣僕이 달려와 「明智光秀의 謀叛입니다」라고 告하였다. 織田은 白綾의 잠옷 차림으로 밖으로 뛰어나가 弓으로 防戰하다가 弦이 끊어지자, 槍으로 應戰하였으나 드디어 팔을 敵槍으로 負傷하자, 벌써 이것으로 끝장을 느껴 집안으로 뛰어 들어 스스로 放火하여 火炎속에서 自決하였다.

安土城에서 本能寺는 西南이니, 年盤·月盤이 함께 四綠木精氣中史坐로서, 七赤金精氣生인 織田의 對氣殺의 凶方位로 되어 있었던 것이다.

(3) 木屋町의 殺害

1573年 3月 京都에서 滯在中인 一四代將軍 家茂가 佐久間象山의 上京을 催促하여 왔다.

그 무렵의 京都는 浪人들이 橫行하여 暗殺이 이곳 저곳에서 盛行되고 있었으므로 開國進取主義者인 象山이 뛰어 드는 것은 危險하므로 親戚이나 門弟들이 强力히 晩留하였으나,

「只今은 一身의 利害를 돌 볼 時機가 아니다」라 하며, 上京할 意志를 굽히지 않았다.

이 때 象山은 易을 내세워서 "澤天夬"의 上爻를 얻었으므로 죽음을 覺悟하였다고 한다.

그래서 三月一七日에 아들을 비롯 弟子 一五人을 데리고 "都路"라고 이름하는 말을 타고 松代를 出發하여 二七에 京都에 到着하였다.

四月一○日에 宮으로 招待받아 自身의 所望으로 西洋式 某馬法을 參觀하고 그 記念으로 上京時에 『都路』라고 이름 지은 愛馬의 이름을 『王庭』이라고 改名하였다.

막상 七月 十一日, 山階宮邸에서 돌아오는 길목인 木屋町에 들어서니 三○歲 可量의 二人의 武士가 象山이 탄 말 옆으로 다가 오자 갑자기 『얏』하고 소리 지르니 앞으로 덮쳐 가버렸다.

急히 避身하여 갔더니 또 다시 기다리고 있었던 武士가 허리 附近을 내려쳐 왔다. 그럼에도 多幸히 말을 달려 그 곳을 빠져 나가니, 또 二~三人의 武士가 기다리고 있던 近處에서 그만 落馬하여 그 곳에서 亂擊當해 二~三簡所의 致命傷을 입고 그만 죽고 말았다.

象山이 京都行을 占易한 澤天夬에「夬. 揚于王庭. 孚號有厲.」라고 있으며 上爻의 辭에는「소리 지르지 않고, 드디어 凶하다」라고 되어 있다. 宮庭에서 洋式馬術을 參觀하여 面目을 자랑삼아 愛馬의 이름을『王庭』이라 改名하였다고 하였으니, 刺客의 襲擊을 받고도 救助의 要請도 못하고, 開國進取의 大志도 헛되어 六四歲로 一生을 마친것도 그야말로「無號·終有凶」이다.

佐久間象山은 1511年 二月 二八日生으로서 辛未九紫火精氣歲의 三碧木精氣月生이 된다. 그리고, 松代로 부터 京都는 西北이며 元治元年(1504年)은 甲子 一白精氣歲로서 京都到着은 六白金精氣 中央坐의 月이고 殺害된 七月은 二黑土精氣 中央坐月이다.

그러므로 年盤二黑土精氣의 對氣殺, 月盤七赤金精氣의 惡殺氣方位를 犯하고 있으며, 七月은 二黑土精氣 中央坐月이었다.

元治元年(1504年)甲子歲年盤　　元治元年三月年盤　　元治元年七月年盤

吉凶의 時限

日盤作用

日盤이란 日의 九精氣를 中心으로 한 八方位盤으로서, 日盤의 九精氣의 作用은 六〇日이라 하니, 日의 吉方 또는 凶方을 利用한 影響은 六〇日間으로 끝난다고 한다.

例를 들면, 日盤의 凶方位로 旅行하여도 當日 돌아온다면 大小롭지 않는 程度의 凶作用으로 끝나는 수도 있으나 滯在한다고 하면 分明하게 判示 된다. 몸의 狀態가 좋지 않아서 一~二週日 程度 溫泉에 가고 싶다는 老婦人을 爲해서 吉方位를 選定하여 「何月何日에 가십시요」라고 指示하였으나 다녀와서는 「德分으로 몸의 狀態는 좋아졌읍니다마는 旅舘 옆房에 달갑지 않는 손님이 있어 不愉快하였읍니다」고 하였다.

어떻게 된 것인가 하고, 여러가지 물어 보았더니 이쪽에서 指定하여 준 날에 가지 않고 하루 늦게 갔기 때문에 月의 吉方은 變함이 없지만, 日로서는 凶方이 되었다. 指定하여 준 日에 宿所에 들어 갔다면 좋은 房이 비어 있었는데 하루 늦었기 때문에 房이 차 있었기 때문이다.

이럴 境遇 二個月間 旅舘에 버티고 있으면 日盤作用이 消滅하여 房이 비어지거나 싫은 相對손님은 歸家해 버린다.

月盤作用

月盤의 九精氣 作用은 六〇箇月이라 하며 吉凶이 함께 五年에 걸쳐 影響된다고 한다.

移徙나 增築할 때는 絶對로 年盤의 吉方位를 擇하지 않으면 안되지 마는 年盤의 吉方位로서도 月盤이 凶할때는 月盤의 凶作用이 五年間 繼續된다. 이 때문에 四綠만 吉方位로서 利用되지 않는 사람은 苦生이 많다는 뜻이다. 四綠인 吉方位에 新築할려고 하여 前年에 垈地를 買入하면 五黃의 腐敗作用의 影響이 나타나며, 아파트等에 移徙할 境遇에도 前月에 집을 찾으면 五黃作用을 받으므로 그 方位로 四綠이 돌았을 때 집을 찾아 나서서 그 달이 바꾸어지지 않는 동안에 移徙를 完了하지 않으면 안되므로 매우 奔走한 느낌이 들것이다.

年盤作用

年盤의 九精氣 作用은 六〇年이라고 하니, 年盤의 凶方位를 利用하면, 平生토록 凶作用의 影響을 繼續 받게 될것이다.

月盤의 凶方位라도 年盤이 吉方位이면 凶事는 처음 五年 뿐이고, 뒤는 年盤의 吉作用의 影響이 나타나지만, 月盤이 吉方인데 年盤의 凶方을 利用하면 처음은 形便이 좋아서 安心하고 있으면, 뒤에 年盤의 凶作用이 선듯 나타나 再起不能이 된다.

吉凶發現의 時期

「吉凶 · 悔吝은 移動으로 發生한다」 (繫辭下篇)라고 하지마는 《氣學》의 眞隨는 우리 東洋의 名言 그대로이니 動機가 있어서 吉凶이 일어남은, 原因이 結果를 낳게 하는데는 變함이 없다.

「그러면 언제 만들어진 原因이 언제쯤 結果로서 나타날까」

그 說明은 다음과 같다.

中央坐發現

東方位를 利用할 境遇

移徙 · 新改築 · 開店 · 就職 · 交涉 等에 利用한 方位로 그 때 飛泊하고 있었던 九精氣가 차례로 運行하여 中央坐로 들어 올때에 吉凶의 結果가 出現한다.

例를 들면, 東에 原因을 지으면, 그 때 東에 있던 九精氣는 다음에 東南으로 옮기어 다음에 中央으로 옮겨지므로, 年으로 치면 三年째이고, 月로 치면 三箇月째에 結果가 나타나는 것이 原則이다. (當年과 當月을 數에 친다.)

九精氣中央坐의 吉凶發現表

利用方法\發現期	東南	東	西南	北	南	東北	西	西北
年	二年째	三年	四年	五年	六年	七年	八年	九年
月	二月째	三月	四月	五月	六月	七月	八月	九月

運行坐 發現

過去에 利用하였던 方位에 自身의 生年 또는 生月에 運行하였을 때, 吉凶이 發現한다. (九氣殺方位의 例參照)

東의 吉方位를 利用하였을 때와, 自身의 精氣가 東方坐로 運行했을 때 마다 吉現象의 惠澤을 받으며, 東의 凶方位를 利用하였을 때는 自身의 精氣가 東方坐로 運行할 때 마다 凶現象으로 苦悶하게 된다.

同會發現

過去 利用하였던 方位로 運行하고 있었던 九精氣의 定坐에, 自身의 精氣가 運行하였을 때 吉凶이 發現한다.

例를 들면 一白 中央坐의 年에 八白土精氣의 사람이, 西南의 七赤方位를 利用하였다면 六白中央坐의 年에 自身의 生年精氣가 西로 運行하여 後天定位의 七赤과 함께 만나기 때문에 이 때 吉現象을 받게 된다는 뜻이다.

十二支當期發現

利用한 方位의 十二支의 年 또는 月이 닥아 오면 吉凶作用이 發現한다. 例를 들면 東의 吉方을 利用하였다면 卯月(陽曆三月)이 되면 吉現象이 發現하며, 또 卯年에 돌아 왔다면 크나큰 吉象을 만나게 된다.

더구나, 凶方을 利用하였을 때의 凶作用 發現時期도 亦是 같다.

四 線 發 現

方位를 利用하였을 때 그 時期부터 세어서 四年째 마다 吉凶作用이 나타난다. 最初는 四年째에, 第二는 七年째에 第三은 十年째에, 第四는 十三年째에 作用이 나타나지 마는 十三年째를 歸線이라 하며, 吉이든, 凶이든 最終的인 總決算이 되게 된다.

卽, 子年에 利用한 吉方의 發現은 四年째(子~丑~寅)로 卯年이 되며, 第二는 七年째인 午年, 第三은 十年째인 酉年, 最後의 十三年째는 出發點인 子年으로 되돌아 吉凶 어느 것이든 結論이 나타난다는 뜻이다.

이것은 子-丑-寅-卯-辰-巳-午-未-申-酉-戌-亥의 十二支를 『子·卯·午·酉』『丑·辰·未·戌』『寅·巳·申·亥』三箇組에 依한 原因과 結果의 觀法이나, 四年째~七年째~十年째~十三年째의 要點은 實占上에서의 決定하는 사람이 한다.

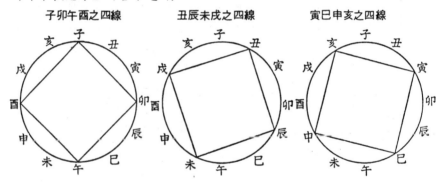

子卯午酉之四線　丑辰未戌之四線　寅巳申亥之四線

發病하고 부터 五日째라고 하면, 例를 들면 七日째가 一段의 고비라고 할 수 있다. 그것이 지나면 十日째, 그리고 歸線인 十三日이 되어도 熱이 내리지 않으면 重病으로서 죽음에 到達할 危險性이 있다.

또 結婚生活은 四年째에 性格不一致의 理由로 離婚하는 例가 많으며, 그 고비를 넘겨 七年째가 되면 浮氣가 되고 싶은 듯 하여진다. 이 "七年"째에 아무런 탈 없이 보내면 크다란 方災가 없는 限 죽을 때 까지 離婚하지 않고 지나게 된다.

또 旅行을 떠나 十年以上 지난 다음에 다시 그 땅을 찾을 때는 四線의 線路에 當到하고 있다.

三 合 法

十二支의 다섯째 씩의 三支를 生~旺~墓의 三合이라 하고, 密接한 關係를 갖는다.

水局의 三合

子인 水는 申인 金에 生하게 되어 旺盛하니, 辰인 土에 墓가 된다.

木局의 三合

卯인 木은 亥인 水에 生하게 되어 旺盛하니 未인 土에 墓가 된다.

火局의 三合

午인 火는 寅인 木에 生하게 되어 旺盛하니 戌인 土에 墓가 된다.

金局의 三合

酉인 金은 巳인 火에 生하게 되어 旺盛하니 丑인 土에 墓가 된다.

日本은 1937年에 中國事變을 일으켜, 이것이 드디어 1941年의 太平洋戰爭으로 發展하여 1945年에 無條件, 降伏하였으나 1937年은 丁丑, 1941年은 辛巳, 1945年은 乙酉로서 金의 三合이다.

日本敗戰의 原因은 "墓"의 年에 始作하여 "旺"의 年에 終戰이 되어 있으나 "旺"이란 吉凶 어느쪽이 더 盛하다는 것을 意味한다. 또 日本經濟界의 "파니크"는 1927年에 나타났지만 이 原因은 1923年 關東大震災로서 1931年에 이르러 不景氣의 動機가 되었다.

1923年은 癸亥, 1927年은 丁卯. 1931年은 辛未로서, 木의 三合이니 "生"의 年이 不景氣의 起因으로 되어 있다.

이외 같이 三合法에 依하면, 事件의 終始의 時期를 豫測할 수가 있다.

막상 『氣學占方入門』에는 다음과 같은 三合法의 應用方法이 쓰여져 있다.

「氣學으로는 特히 吉方을 求하는 사람들을 爲해서, 合의 吉方과 三合의 吉方이라는 것이 있다. 이것은 一般的으로 氣學家가 祕傳으로서 깊숙히 숨기고 있는 것이지만, 여기서 한가지 公開해 보기로 한다. (中略)다음에 三合의 吉方이지만, 이것은 三箇 吉方을 利用하여 큰 效果를 期하는 方法이니 單只 一箇所의 吉方을 가지고 充分한 效果를 期待해서는 안된다. 흔히 一般 氣學家가 三合의 一箇所의 吉方을 利用하면 普通 吉方의 數倍의 效果를 거둘수 있는 것 처럼 說明하는 사람이 있으나, 이것은 터무니 없는 잘못이며, 三合의 一箇所의 吉方만 利用하는 것으로는, 普通의 吉方을 利用한 것과 同一한 效果만 期待된다.」

大端히 理解하기 困難한 說明이다. 라고 하는것은, 八方位 어느 方位를 利用하여도, 그 方位는 반드시 水局·木局·火局·金局中의 어느 局이든지 一箇所로 되어 있기 때문이다. 그리하여 이어서

「例를 들면 丑(東北北)과 巳(南南東)와 酉(西)等도 三合이지만 이럴 때 먼저 巳의 吉方을 利用하여 信用의 擴大를 圖謀하고, 다음에 酉의 吉方을 利用하여 金融狀態의 圓滑을 圖謀하고, 丑의 吉方을 最後에 利用하여 貯蓄의 完成을 圖謀한다. 이와 같이 利用함으로써 單 하나의 吉方을 利用하기 보다는 效果가 顯著하다는 것이 된다.

그 詳細한 說明을 다음에 記한다.

巳(南南東)와 酉(西)와 丑(東北北)은 三合 會局하여 金局이 되는 方位이니 結果로서는, 西의 金貨에 惠澤을 입을 最大의 方法이다. 利用되는 順序上으로도 巳·酉·丑의 順序로 利用하지 않으면 안된다」라고 말하고

다음에 ▷子孫의 繁榮을 꾀하는 三合의 活用方法 ▷名譽의 增大를 얻을 三合의 活用方法 ▷發展에 있어 效果的인 三合의 活用方法을 說明하고 있으나, 어느것이든 처음에 "生"의 方位를 利用하고, 다음에 "旺"의 方位를 利用하며 最後에 "墓"의 方位를 利用하는 것이 『三合의 吉方』을 利用하는 方法이라고 한다.

그렇지마는 이 用法은 『三合의 吉方』은 아니고, 『三回의 吉方』이다. 이 方法으로 物質運~子孫運~名譽運~發展運의 四運을 얻을려면 十二回轉하는 것이 되어 一箇所에 三年式 居住한다고 하더라도 三十六年이 所要되는 二

十五歲에 始作하면 六十一歲까지 轉轉해야 하기에 安定된 生活은 할수 없다는 뜻이 된다.

「三合의 吉方」이란 "生~旺~墓의 方位를 單發的으로 세번 利用하는 것이 아니고 旺位의 吉方을 겨냥하여 "兩三合"을 利用함이 理想的이다. 하지만 이것은 매우 活用하기 困難하기에, 大部分 "片三合"만 利用하지 마는 "片三合"이라도 普通吉方 보다는 效果가 强하게 나타난다.

더구나 五黃·七赤·八白中央坐의 歲年은 누구든지 "片三合"밖에는 利用할수 없으니, 다른 年은 特定한 少數人이 "兩三合"을 利用할수 있다.

三箇의 生精氣

生 日 精 氣

生日精氣를 말 하니 誕生하고 부터 六〇日以內의 運命에 影響을 미치지마는 그 以後는 運命에의 影響力을 喪失한다.

그러므로 어느 氣學의 流派에서는 生年 및 生月의 精氣를 無視하고, 平生을 通해 生日의 精氣로서 吉方位나 凶方位를 判定하고 있다고 듣고 있으나, 이것은 重大한 問題로서 나는 反對한다.

生 月 精 氣

出生後 六〇日이 지나고 부터 十九歲까지의 運命이 影響을 준다고 한다. 1933年까지의 大正舘에서의 講義에서는 生年精氣는 考慮하지 않고 生月精氣로 方位를 選定하여도 좋도록 되어 있었으나 1939年의 大正舘 發行의 『方位明鑑』에는

「生後 六〇日부터 十九歲까지는, 生月과 生日을 并用하여 吉方을 選定한다」라고 되어 있다. 그러나 이 用法은 考慮해 볼만한 일이다. 十九歲 以前이라도 生年精氣의 影響이 作用된다.

1930年 初期에 先輩인 大研堂 先生은 弟子中의 九紫年 八白月生인 少年에 「將來 占者가 되기 때문에」라고 吉方位로서 九紫만 골라 相異되는 方位만 實行시켰으나, 그 少年은 三〇歲를 지나서 죽고 말았다. 또 나는 三碧月生인 少年에 吉方인 一白方位에 下宿시켰더니 半年後에 繼續 두 차례나 盜難을 當하였기에, 이것은 吉方이 아니 였구나 하고 곧 移徙하도록 勸하였으나, 形便이 제대로 되지않아 半月뒤에 해야겠다고 하던 中에 큰 負傷을 當하고 말았다.

어찌 되었든 生後 六〇日 以後는 絶對로 生年, 生月의 精氣上으로 본 吉方位를 選定하지 않으면 안된다.

그러나, 同年生인 運命을 判斷할 때는 生月精氣에 맞추어야 할 必要가 있다. 1938年 여름철 N 女史로부터 O 市로 부터 올라와 下宿하고 있는 S 君이 氣學을 배우고 싶어 하고 있으니 가르쳐 주겠다면 形便이 닿는 日字를 通知하여 주기 바라고 있다. 그런데 행여나 우리집에 오셔 주시면 나도함께 배울수 있어 고맙겠지만 어떠 하실지」라는 便紙가 왔기에 이곳도 閑暇

하기에 찾아가서 대충 講義를 마친 뒤에 N 女史가

「그런데 냇가에서 물놀이 하던 두 少年이 溺死하였으니 그 死体는 언제 찾을수 있겠는지 알아 봐 달라고 나의 弟子로부터 付託을 받았다. 筮前의 審事로서, 그 附近에는 魚梁이 있다는 것을 알고 있었다. 『한사람은 곧 찾겠으나, 남은 한사람은 물에 잠겨 있기 때문에 조금 늦을 것이다』라고 判斷하였더니 結果는 그대로였으므로 名占이라면서 大評判이였다.

그러나, 易占으로서는 여기까지 밖에는 判斷하지 못한다.

그런데, D先生의 《氣學》으로는 A와 B의 少年中에 어느 쪽이 먼저 찾게 될지 判斷하겠는가, 두사람은 同年生이니」라고 하였다.

「同年生이라도 生月日을 알면 《氣學》으로 判別된다」라고 對答하니 A少年은 何月何日生이고, B少年은 何月何日生이라고 하였다.

生月精氣를 調査하였더니, A少年은 五黃月生아고, B少年은 九紫月生이다. 그리고, 遭雜年月은 1937年 七月이다.

「이것은 B少年은 바로 發見되고, A少年의 發見은 늦었던 것이 겠지」라고 하였더니 「정말 그와 같았다」라고 原理의 解說을 要請 받았으나 九精氣盤을 보면 一目瞭然하니 說明할 余地가 없을 程度이다.

1937年 九精氣盤

1937年 7月 九精氣盤

B少年의 生月精氣는 衆人의 注目을 받을 中央에 坐하고, A少年의 生月精氣와 北의 陰極에 떨구어져 있기 때문에 사람의 눈에 뜨이기 어렵고 B少年은 바로 찾게 되었다니 簡單한 判斷이지만 生月精氣의 應用上이 一例이다.

生 年 精 氣

19歲以後의 運命에 影響을 주어 生年의 九精氣에 依해 運命의 波長을 判斷되게 되어 있다. 運命判斷은 生年精氣로 行하지 마는, 吉方位는 生年과 生月의 兩精氣에 依해서 選定하지 않으면 안된다.

生年으로 부터 보아도 吉方位라면 極히 範圍가 限定되어 不便하지만 結局은 이 밖에는 方法은 없다.

生年生月로 부터서의 吉方을 利用하는 것은,《氣學》의 特徵으로 되어 있으나 1920年代까지는 生年으로 부터 본 吉方을 利用하였기 때문이다.

地角先生이 關東大地震 前年인 1922年에 荻窪에 大正舘과 함께 몇棟의 賃貸家屋을 新築하여 日本橋로 부터 移徙하였으나, 先生은 生年七赤金精氣 이므로 酉의 八白方位는 吉方位이다.

1922年 欠盤

그런데 新築家屋이 거의 賃貸되지 않았다. 「八白인 吉方으로 와서 住宅(八白)이 賃貸되지 않는 것은 異常하다」고 생각한 夫人이 地角先生에게 「당신의 生月은 八白이였죠. 生月의 吉方도 보지 않으면 안되는 것이 아닌가요」라고 하였기에 先生도 정말 그렇구나 라고 생각하고 그 뒤에 生年生月의 兩方에서 본 方位를 選定하게 되었다는 것이다.

同 會 判 斷 法

《氣學》으로 狀況을 判斷할 境遇에는 同會法을 活用한다. 同會法을 利用하면,

A. 現在 어떤 狀態인가.

B. 過去는 어떠 하였나.

C. 將來는 어떤 狀態로 되는가.

를 推察할수 있다. 그리고 同會의 種類는 다음과 같이 된다.

① 後天定位와 年盤과의 同會로 年運을 推察한다.

生年精氣가 年盤으로 어느 定坐에 들어 있는가에 따라서,그 年의 運勢를 判斷한다.

例를 들면 一白中央坐의 年에는 西北坐에 들어 있으며, 三碧은 酉坐에 들어 있다. 당신의 生年精氣가 二黑이면,年運은 六白象意의 影響을 받으며, 或 三碧이면 年運은 七赤象意의 影響을 받게 된다.

② 年盤과 月盤과의 同會로 月運을 推察한다.

生年精氣가 月盤으로 어느 坐에 들어 있느냐를 알고 年盤으로는 어느 九精氣와 同坐하고 있느냐에 따라,그 月의 運勢를 判定한다.

例를 들면 一白中央坐의 年의 二月은 八白中央坐의 月로서 西北坐에 九紫가 들어 있으며,西坐에 一白이 들어 있다. 당신의 生年精氣가 九紫이면, 이 月은 年盤 二黑의 影響을 받으며,一白이며 年盤 三碧의 影響을 받는다.

③ 月盤과 日盤과의 同會로 日運을 推察한다.

이 同會法은 그 日에 일어나는 모든 事態의 判斷으로서,失物·負傷· 盜難等도 判斷한다.

④ 日盤과 刻盤과의 同會로 時間運을 推察한다.

二時間 以內의 일을 判斷하지마는 實占的으로는 應用範圍가 작기 때문에 그다지 利用되지 않고 있다.

一白同會의 原則判斷

生年精氣가 北方坐로 運行하였을 때,또는 一白과 同會하였을 때는, 다음 事象의 影響을 받나.

○ 戸籍關係의 問題가 생긴다.
○ 苦悶거리가 생긴다.
○ 色情問題가 일어난다.
○ 새로운 交際가 생긴다.
○ 部下 또는 雇傭人에 關한 일이 생긴다.
○ 持病이 再發한다.
○ 몸이 冷濕하여 진다.

二黑同會의 原則判斷

生年精氣가 西南坐로 運行하였을 때, 또는 二黑과 同會하였을 때는, 다음 事象의 影響을 받는다.
○ 옛 知人과 再會한다.
○ 不動産問題가 일어난다.
○ 勞動問題가 일어난다.
○ 故鄕에 用務가 생긴다.
○ 잊은 물건이 생긴다.
○ 옛 問題가 되살아 난다.

三碧同會의 原則判斷

生年精氣가 東方坐로 運行하였을 때, 또는 三碧과 同會하였을 때는 다음 事象의 影響을 받는다.
○ 外出하기 쉽다.
○ 새로운 물건이 눈에 띄게 된다.
○ 活氣가 넘친다.
○ 他人으로부터 稱讚을 받는다.
○ 神經이 곤두세워 진다.
○ 失言하는 일이 생긴다.
○ 놀랄 일이 생긴다.

四綠同會의 原則判斷

生年精氣가 東南坐로 運行하였을 때,또는 四綠과 同會하였을 때는 다음 事象의 影響을 받는다.

○일이 整頓되어 간다.

○緣談이 일어난다.

○遠方에 用務가 생긴다.

○사람의 出入이 잦아진다.

○氣가 흐트러 진다.

○感氣에 걸린다.

五黃同會의 原則判斷

生年精氣가 中央坐로 運行하였을 때,또는 五黃과 同會하였을 때는 다음 事象의 影響을 받는다.

○옛 親知로 부터 신세를 지게 된다.

○오래前의 問題가 일어난다.

○運動不足 現狀이 일어난다.

○胃腸을 傷한다.

○甘味로운 飮食이 먹고 싶다.

○물건을 잊어버린 일이 생긴다.

○소매치기를 當한다.

○크다란 欲望을 품는다.

六白同會의 原則判斷

生年精氣가 西北坐로 運行하였을 때,또는 六白과 同會하였을 때는 다음 事象의 影響을 받는다.

○繁華로운 곳으로 가고 싶어한다.

○年上者에 關한 問題가 일어난다.

○勝負를 맺고 싶어한다.

○奔走하여 진다.

○過勞로 因해 發熱한다.

○나툼이 생기기 쉽다.

○어린이에 關한 일이 생긴다.

○緊張하게 된다.

七赤同會의 原則判斷

生年精氣가 西方坐로 運行하였을 때, 또는 七赤과 同會하였을 때는 다음 事象의 影響을 받는다.

○祝賀해야 할 일이 생긴다.

○女性에 關한 問題가 생긴다.

○金錢出納이 많이 생긴다.

○過食으로 健康을 害친다.

○氣力이 衰弱하여 진다.

○手術을 한다.

○齒를 傷한다

八白同會의 原則判斷

生年精氣가 東北坐로 運行하였을 때, 또는 八白과 同會하였을 때는 다음 事象의 影響을 받는다.

○家屋이나 山林의 問題가 일어난다.

○貯蓄心이 생긴다.

○相續人의 問題가 일어난다.

○親戚關係의 問題가 일어난다.

○運動不足 現狀이 일어난다.

○精神面에 變化가 일어난다.

○環境을 바꾸어 보고 싶다.

九紫同會의 原則判斷

生年精氣가 南方坐로 運行했을 때, 또는 九紫와 同會하였을 때는 다음 事象의 影響을 받는다.

○文書에 關한 일이 일어난다.

○좋은 아이디어가 우러 나게 된다.

○名譽스러운 일이 생긴다.

○離合集散이 있다.

○事件이 明白化 된다.

○生別 또는 死別이 생긴다.

○다툴 일이 생긴다.

○眼病·血壓·發熱等을 앓는다.

　以上 一白부터 九紫까지의 同會原則을 記述하였으나, 여기에 列擧된 것이 全部에 一時에 일어 나는 것이 아니고 그 中 몇가지가 作用하여 나타나는 것이다. 恒常, 吉方을 利用하면 吉象作用으로 나타나지만 凶方의 方災가 있을 때는, 凶象作用으로 나타난다.

　例를 들면 北方의 吉方 또는 一白의 吉方을 利用하면 生年精氣가 北으로 運行하였을 때라 든지, 一白과 同會하였을 때에 一白象意의 吉作用이 身邊에 일어나고, 北方의 凶方 또는 一白의 凶方을 利用하면 生年精氣가 北으로 運行했을 때라 든가, 一白과 同會하였을 때에 一白象意의 凶作用이 身邊에 일어나게 되는 것이다.

北方位 및 一白方位의 原則判斷

移轉의 方德

○血液遁環이 좋아진다. (一白을 血液으로 한다.)

○新規事業이 始作한다. (一白을 始로 한다)

○交際가 넓어진다.

○投機로 因해 利得을 본다.

○ 小去來 부터 大去來로 繁昌한다.

○아기를 갖게 된다.

○精力이 旺盛하여 回春한다.

移徙의 方災

○새로운 事業을 始作하여 失敗한다.

○惡友와 交際하게 된다.

○色情의 어려움이 일어난다. (一白을 色情으로 한다)

○負債가 늘어난다.

○流産을 한다.

○陰部의 疾患으로 앓는다. (一白을 性器로 한다)

西南方位 및 二黑方位의 原則判斷

移徙의 方德

○부지런하게 된다.

○去來가 넓어 진다.

○老婆로 因해 利益을 얻는다. (二黑을 母로 한다)

○土地關係로 利益을 본다. (二黑을 農地로 한다)

○허리가 낮아진다.

○물건을 所重하게 여기게 된다.

○많은 친구가 생기다. (二黑은 大象)

移徙의 方災

○營業에 怠慢하게 된다.

○主婦 또는 老婆로 因해 失敗한다.

○不動産을 잃는다.

○異常한 肥滿体가 된다.

○内臟을 앓는다.

東方位 및 三碧方位의 原則判斷

移徙의 方德

○人氣가 높아 진다.

○話術이 좋아진다.

○積極的인 性格으로 變한다.

○젊은 사람이 힘을 빌려 준다.

○元氣가 생긴다.

○發展의 機會를 갖는다.

移徙의 方災

○詐欺를 當한다.

○말로서 口蛋亂을 피운다.

○젊은 部下로 부터 損害를 입게 된다.

○就職이 失敗로 돌아 간다.

○실 없는 소리를 듣고는 미움을 받는다.

○神經痛으로 앓는다.

○肝臟으로 앓는다.

東南方位 및 四綠方位의 原則判斷

移徙의 方德

○ 世上에서 信用이 增大된다. (四綠을 信用으로)

○遠方 去來가 생긴다. (四綠은 遠方으로 긴마)

○交際가 넓어진다. (四綠을 往來로 한다)

○人氣가 높아진다.

○順從하게 된다.

○좋은 部下의 惠澤을 입는다.

○모든 일이 整頓된다.

○좋은 緣談이 일어난다.

移徙의 方災

○信用이 막힌다.

○部下에게 負擔을 끼친다.

○營業에 失敗한다.

○遠方關係로 失敗한다. (四綠을 遠方으로 한다)

○感氣로 因해 肺를 傷한다.

○慢性 胃腸疾患으로 앓는다.

五黃方位의 原則判斷

移徙의 方災

○慢性泄瀉等으로 衰弱해진다.

○原因不明의 病에 걸려 여러 病院을 다녀도 診斷이 내리지 않는다.

○食中毒에 걸린다.

○火傷이 品는다.

○오래 된 病이 再發하여 苦悶한다.

○化膿性의 病을 앓는다.

○無氣力하게 된다.

○麻藥等을 좋아 하다가 常習者가 된다.

○精神狀態가 나빠진다.

○變態的으로 된다.

○貧窮하여 진다.

○燒死한다.

○乞人이 된다.

西北方位 및 六白方位의 原則判斷

移徙의 方德

○새로운 事業이 생긴다.

○獨立精神이 强해진다.

○信仰心이 우러 난다.

○手上으로 認定을 받는다.

○相對를 把握하는 힘이 생긴다.

○勝負運이 强해진다.

○發明, 發見으로 成功한다.

○投資事業에 成功한다.

○부지런한 일군이 된다.

○實踐力이 强해진다.

移徙의 方災

○新規事業을 失敗한다.

○發明, 發見에 關해 失敗한다.

○警察問題가 생긴다.

○큰 負傷을 입는다.

○盜賭으로 失敗한다.

○頭惱에 異常이 생긴다.

○交通事故로 生命을 잃게 된다.

○싸움을 좋아 한다.

西方位 및 七赤方位의 原則判斷

移徙의 方德

○젊은 女性關係로 좋은 일이 생긴다.

○話術이 向上된다.

○現金에 關한 즐거움이 일어난다.

○會食의 機會가 많아진다.

○紹介로 現金이 들어온다.

○스테미너가 붙는다.

移徙의 方災

○現金에 大損이 생긴다.

○色情으로 因해 災難을 自招한다.

○젊은 女性으로 因해 損害를 當한다.

○食中毒에 걸린다.

○사람에게 미움을 받을 發言을 많이 한다.

○口中에 病을 한다.

○肺疾患으로 앓는다.

○刃物의 災難을 입는다.

東北方位및 八白方位의 原則判斷

移徙의 方德

○家屋 또는 山林으로 因해 利益을 본다.

○親戚으로 부터 援助를 받는다.

○貯蓄心이 우러난다.

○財産이 늘어난다.

○막혔던 일이 탁 트인다.

○家庭이 圓滿하게 된다.

○相續人이 된다.

移徙의 方災

○家運이 衰退한다.

○財産을 잃는다.

○營業이 停止된다.

○親戚과 絶交한다.

○相續人이 所用없게 된다.

○强欲이 생긴다.

○家庭不和가 생긴다.

○新舊의 交代가 損害를 가져온다.

○關節病에 걸린다.

○脊髓를 傷한다.

南方位 및 九紫方位의 原則判斷

移徙의 方德

○ 名譽를 얻게 된다.

○ 知識이 넓어진다.

○ 官公署 關係로 得을 본다.

○ 눈 앞이 훤히 밝아진다.

○ 決斷力이 豊富하게 된다.

○ 아이디어로 因해 得을 본다.

○ 血色이 좋아진다.

移徙의 方災

○ 文書와 印鑑으로 因해 損害를 본다.

○ 警察 및 裁判問題가 일어난다.

○ 生別 또는 死別이 있다.

○ 眼病・惱病・心臟病等으로 앓는다.

○ 一家가 離散하게 된다.

○ 酒中毒이 된다.

○ 名譽를 잃는다.

一白八方位의 方德과 方災

二黑中央坐의 年 또는 月에 東南을 吉方位로 하여 利用하였을 때의 方德

○ 世上의 信用이 增加되어 評判이 좋아진다.

○ 希望은 徐徐히 進行한다.

例 一白方位와 眉毛의 發育

家庭婦로 들어 가서 寢食할 方位를 봐 달라고 하기에 調査하여 봤더니 一白이 吉方位가 되는 處女였다. 그런데 그 月에 東南에 一白이 運行하고 있었으므로,

「이달 中으로 東南쪽에 일자리를 찾아 보시요」고 가르쳐 주었으나, 一年 뒤에 「緣談이 일어 났으니 봐 주십시요」라고 말하여 왔다. 鑑定結果 좋은 緣分이 없기에 進行하라고 勸하였으나, 내가 가끔 異常한 눈으로 봤기 때문

에 그는 방긋 웃으면서,

「先生任 내가 顔面이 달라졌다 싶어 아까 부터 異常하게 보시고 계셨지요」

「前에 왔을 때와는 왠지 느낌이 달라졌어」

「눈썹이 진해졌읍니다. 어릴 時節부터 눈썹이 엷어서 神經이 쓰였지만, 그 宅에 寄食하고 부터, 눈썹이 짙게 되었음으로 눈썹은 그리지 않게 되었읍니다」라고 하였다.

東南은 四綠의 定坐이므로「四綠을 髮로라 한다」「四綠을 綠談으로 한다」로 吉方이면 良緣이 成立되는 것이 當然하다. 눈썹이 지나치게 엷었기 때문에 얼굴에는 짜임 새가 없었으나, 눈썹이 짙게 되었으므로 얼굴은 分明하여 지고 美人이 된것은「四綠을 髮로 한다」의 作用이라고 말 할수 있으나 一白의 吉現象으로서 홀몬의 内分泌가 좋아졌다는 것이 發毛를 促進하여 몸 全体에 女性 다운 潤氣가 나타났다는 뜻이다.

凶方位 로서 利用했을 때의 方災

○遠地 사람으로부터 損害를 입는다든가 旅行地에 災難을 當한다.

○社會에서 評判이 떨어져 信用을 잃는다.

○部下의 일로 責任을 지게 된다.

三碧中央坐의 年 또는 月의 東方位는 惡殺氣를 띄고 있으므로 어떤 사람이 利用하여도 方災를 받게 된다.

○交際나 去來의 破綻이 일어난다.

○숨겼던 일이 脫露된다.

○情事로 因해 財產의 損失이 있겠으나 女性이면 억센 男性에 끌리게 된다.

○性病에 걸린다든가 慢性病으로 苦悶하게 된다.

四綠中央坐의 年 또는 月에 西南을 吉方으로 利用하였을 때의 方德

○努力을 하게 된다.

○獨立할 수 있는 氣運을 갖게 된다.

○胃腸이 튼튼하여 져서 血行이 좋아진다.

○雇傭人이 부지런하여 營業이 繁昌하여진다.

凶方을 利用하였을 때의 方災

○게으름 뱅이가 된다든지 營業이 閑暇하여 진다.

○不動産을 잃는다.

○情事로 因해 苦悶한다.

○手上女性의 病으로 근심한다.

　　五黃中央坐의 年 또는 月에 北을 吉方으로 利用하였을 때의 方德

○睡眠이 充分히 取해 짐으로 頭惱가 밝아져 아이디어에 惠澤을 입는다.

○새로운 交際로 利益이 생긴다.

○사람에게 알리지 않는 숨은 즐거움을 얻게 된다.

　　凶方을 利用하였을 때의 方災

○他人으로 因해 落心하게 된다.

○冷害로 因해 健康을 害친다.

○情事로 몸을 그르친다.

○盜難을 當한다.

　　六白中央坐의 年 또는 月의 南은 吉方으로서는 利用하지 못한다.

○重傷을 입는다.

○親했던 사람과 背反한다.

○情事로 失敗한다.

○盜難을 當한다.

○熱病을 앓는다.

○숨겼던 秘密이 脫露한다.

　　七赤中央坐의 年 또는 月에 東北을 吉方으로 利用하였을 때의 方德

○막혔던 일이 改革된다.

○親戚 또는 親知의 援助를 받게 된다.

○失職者는 職業을 얻는다.

○後繼者가 없는 사람은 養子를 얻는다.

　　凶方을 利用하였을 때의 方災

○失業을 當한다.

○欲心부리다가 大損을 免치 못한다.

○親한 사람들과 不和가 생긴다.

○허리나 脊髓를 앓게 된다.

○相續 또는 財産問題로 苦悶이 생긴다.

八白中央坐의 年 또는 月에 西를 吉方으로 利用하였을 때의 方德
○飲食物에 對한 즐거움이 많아진다.
○金錢融通이 順調롭게 된다.
○獨身者에게는 緣談이 일어난다.

凶方位로서 利用하였을 때의 方災
○金錢的인 惠澤은 있으나, 그것이 災難으로 盜贓 또는 酒色으로 失敗한다.
○입에서 나오는 데로 함부로 지껄이다가 信用이 크게 떨어진다.
○젊은 異性關係로 큰 다툼이 일어난다.

九紫中央坐의 年 또는 月에, 西北을 吉方位로서 利用하였을 때의 方德
○後援者가 새로 나타난다.
○社會的 地位가 있는 사람과의 交際가 생긴다.
○活動的인 日常生活이 이루어진다.

凶方으로서 利用하였을 때의 方災
○새로 事業을 企劃하여 失敗한다.
○株式上場에 손을 대었다가 財產을 잃는다.
○新興宗敎에 誘引되어 貧困하여 진다.

二黑八方位의 方德과 方災

一白中央坐의 年 또는 月에 西北을 吉方으로서 利用하였을 때의 方德
○營業이 盛해진다.
○土地로 因해 利益이 생긴다.
○手上에 認定을 받아 新事業에 成功한다.
○社會事業에 關係하여 實力을 認定 받는다.

凶方位로서 利用하였을 때의 方災
○手上을 背反하였다가 立場이 困難해 진다.
○政治에 關係하다가 가진 것을 모두 잃는다.
○態度가 憍慢하여 萬事에 拒絶 當한다.
○能力以上인 것을 企劃하였다가 失敗한다.

三碧中央坐의 年 또는 月에 東南을 吉方位로서 利用하였을 때의 方德
○營業이 繁昌하여 漸次 遠方과의 去來가 活發하여 진다.

○職員이 榮轉한다.

○交通關係로 利益을 본다.

○獨身은 緣談이 成立된다.

　　凶方으로서 利用하였을 때의 方災

○營業이 閑散해진다.

○關係者들로부터 無視當한다.

○遠方으로 부터의 去來에 失敗한다.

○契約 또는 約束이 無効化 된다.

　四綠中央坐의 年 또는 月에 東을 吉方位로서 利用하였을 때의 **方德**

○希望에 自信이 생겨 活動的인 狀態가 된다.

○부지런한 部下로 因해 惠澤을 입는다.

○交通이 便利하여져 土價가 引上된다.

○옛 親舊가 좋은 일을 가지고 온다.

　　凶方으로서 利用하였을 때의 方災

○努力은 하여도 成果는 오르지 않는다.

○지난날의 구차스러웠던 일이 다시 꼬리를 물고 괴롭힌다.

○年上의 女性과 옥신각신 한다.

○게으름뱅이 部下로 因해 苦悶한다.

　五黃中央坐의 年 또는 月에 西南을 吉方位로서 利用하였을 때의 **方德**

○勤勉誠實하여 上官으로 부터 認定을 받는다.

○着實하게 基盤을 構築한다.

○土地問題로 즐거움이 생긴다.

○옛 親知에 依해 吉事가 일어난다.

　　凶方位로서 利用하였을 때의 方災

○無氣力하게 된다.

○失職하게 된다.

○營業은 閑散하게 된다.

○運動不足으로 健康을 害친다.

　六白中央坐의 年 또는 月에 北을 吉方位로서 利用하였을 때의 **方德**

○交際에 依한 즐거운 일이 생긴다.

○誠實한 部下로 인해 惠澤을 입는다.
○故鄕關係로 利益이 생긴다.
　　凶方位로서 利用하였을 때의 方災
○새로운 일에 손을 내 밀다가 失敗한다.
○部下로 부터 背信 當한다.
○低當하였던 不動産을 잃게 된다.
　　七赤中央坐의 年 또는 月에 南을 吉方으로서 利用하였을 때의 方德
○共同事業으로 成功한다.
○知的인 職業으로 成功한다.
○觀光事業으로 利益을 얻는다.
○名譽가 높아진다.
　　八白中央坐의 年 또는 月의 東北方位는 惡殺氣를 띄고 있으므로 누가 利用하더라도 方災를 입는다.
○事業은 衰退하여 破産한다.
○營業을 改革하였다가 失敗한다.
○貸付金이 續續 누너진다.
○親戚에게 財産을 빼앗긴다.
○親舊가 敵이 된다.
○利益을 獨占할려고 다툼이 있으나 拒絶 當한다.
　　九紫中央坐의 年 또는 月에 西를 吉方位로서 利用하였을 때의 方德
○金融이 順調로워진다.
○土地賣買로 利益이 생긴다.
○獨身者는 좋은 緣談이 생긴다.
　　凶方로서 利用하였을 때의 方災
○생각이 빗나 借用金이 增加한다.
○밤 놀이를 좋아 하다가 業務가 어수선 하여 진다.
○飮食으로 因해 健康을 害친다.

　　三碧八方位의 方德과 方災
　　一白中央坐의 年 또는 月에 西를 吉方位로서 利用하였을 때의 方德

○家庭的으로 즐거운 일이 일어난다.

○金錢融通이 活發하게 된다.

○話術이 能熟하여 交涉이 잘 이루어 진다.

○音 또는 電氣·電源關係의 일로 利益을 본다.

○電話上의 去來가 盛해 진다.

　　凶方位로서 利用하였을 때의 方災

○말썽을 부려 미움을 받는다.

○조그마한 詐欺를 當한다.

○失言으로 信用을 잃는다.

　　二黑中央坐의 年 또는 月에 西北을 吉方으로 利用하였을 때의 方德

○새로운 後援者의 惠澤을 입는다.

○發明·發見의 知能에 惠澤을 입는다.

○手票 또는 證券에 依한 利益이 있다.

　　凶方으로서 利用하였을 때의 方災

○크게 虛風을 불게 된다.

○分數에 지나친 計劃을 세웠다가 失敗한다.

○不渡手票로서 倒產한다.

○神經的 氣質이 된다.

　　四綠中央坐의 年 또는 月에 東南方은 惡殺氣를 띄고 있음으로 누가 利用 하여도 方災를 받는다.

○詐欺를 當한다.

○火災를 當한다.

○遠地로 부터의 去來가 失敗한다.

○惡評을 받는다.

○交通事故가 일어난다.

　　五黃中央坐의 年 또는 月에 東을 吉方位로서 利用하였을 때의 方德

○活氣가 넘친다.

○希望達成의 端緖를 얻는다.

○才能을 認定받아 起用된다.

○話術이 能熟하여 진다.

○新機軸이 열린다.

凶方位로서 利用하였을 때의 方災
○서둘러서 失敗하게 된다.
○鬪志를 잃는다.
○거짓말을 하다가 信用을 잃는다.

六白中央坐의 年 또는 月에 西南을 吉方位로서 利用하였을 때의 方德
○營業狀態가 活氣를 띈다.
○部下가 부지런 하기에 能率이 向上된다.
○出張販賣가 마땅하다.
○古物에 새로운 아이디어를 加味하여 成功한다.

凶方位로서 利用하였을 때의 方災
○成算이 없는 計劃을 發表하였다가 詐欺師 取扱을 받는다.
○決斷力을 잃는다.
○勤勞意慾을 喪失한다.
○口辯만으로 속임 수를 쓰기 때문에 信用을 잃는다.

七赤中央坐의 年 또는 月에 北을 吉方位로 利用하였을 때의 方德.
○젊은 部下가 힘을 빌려 준다.
○새로운 交際로서 길이 트인다.
○숨겼던 기쁨이 있다.
○精力이 增進한다.

凶方位로서 利用하였을 때의 方災
○部下의 거짓 말로 이끌리게 된다.
○悲劇的으로 된다.
○情事關係로 失敗한다.

八白中央坐의 年 또는 月에 南을 吉方位로서 利用하였을 때의 方德
○話術의 才能을 認定받아 起用된다.
○發明·發見의 榮譽를 얻는다.
○새로운 일이 繁榮한다.
○職場人은 榮進한다.

凶方位로서 利用하였을 때.

○過去의 秘密이 綻露된다.

○火難을 當한다.

○文書로 因해 過失이 생긴다.

○輕率한 行動이 많아 진다.

　九紫中央坐의 年 또는 月에 東北을 吉方位로서 利用하였을 때의 方德

○營業狀態가 一新된다.

○家屋으로 因해 利益이 생긴다.

○親戚關係가 良好하여 진다.

　　凶方位로서 利用하였을 때의 方災

○풀리지 않은 일을 性急히 處理하면 할수록 陷井에 빠진다.

○失言으로 親舊로 부터 離反 當한다.

○相續人이 必要없게 된다.

○家屋·山林等의 일로 問題가 생긴다.

四綠八方位의 方德과 方災

　一白中央坐의 年 또는 月에 東北을 吉方位로서 利用하였을 때의 方德

○親戚 또는 知人으로 부터 利益되는 일을 얻게 된다.

○家屋에 關한 利益이 생긴다.

○事業方式을 바꾸고 부터 後에 잘 풀려진다.

○失業者는 좋은 職業을 얻는다.

　　凶方位로서 利用하였을 때의 方災

○勤務地 變更되어 苦生한다.

○商業이 바뀌어 苦生한다.

○約婚者의 變心으로 衝擊을 받는다.

○親戚 또는 親舊로 부터 絶交 當한다.

　二黑中央坐의 年 또는 月에 西를 吉方으로서 利用하였을 때의 方德

○金錢에 惠澤을 입는다.

○女性으로 因해 좋은 일이 생긴다.

○獨身者는 좋은 緣談을 얻는다.

凶方位로서 利用하였을 때의 方災
○交際費의 浪費가 累積되어 赤字會計가 繼續된다.
○部下가 不平不滿을 품고 일하지 않게 된다.
○社會에 나쁜 評判이 생긴다.
○感氣가 根源되어 大病을 앓는다.

三碧中央坐의 年 또는 月에 西北을 吉方位로서 利用하였을 때의 方德
○手上인 사람으로 부터 引導를 받는다.
○貿易事業이나 遠方去來가 成功한다.
○株券이나 證券의 賣買로 利益을 본다.
○極盡한 誠實로 成功하게 된다.

凶方位로서 利用하였을 때의 方災
○手上과 意見不和가 생긴다.
○女性과 訴訟으로 다툰다.
○바쁘지 만은 實利는 없다.
○中風으로 앓는다.
○急性肺炎에 걸린다.

五黃中央坐의 年 또는 月에 東南을 吉方位로서 利用하였을 때의 方德
○獨身者는 좋은 緣談이 일어난다.
○實業의 完成을 보게 된다.
○遠方으로 부터의 去來가 活潑하여진다.
○社會로 부터 信用이 增大하여 진다.
○職場人은 遠地로 榮轉한다.

凶方位로서 利用하였을 때의 方災
○遠地關係로 因해 損害가 생긴다.
○狀態가 맞지 않아 機會를 잃는다.
○나쁜 所聞이 떠돌아 그 地方에서 살지 못하게 된다.

六白中央坐의 年 또는 月에 東을 吉方位로 利用하였을 때의 方德
○評判이 좋아져 日常生活이 活動的이다.
○新規事業이 急速度로 進展된다.
○젊은 部下가 부지런히 일 한다.

○過去活動이 認定되어 發展한다.

　　凶方位로 利用하였을 때의 方災

○過去의 秘密이 綻露되어 失脚한다.

○잘 進行되던 이야기가 갑자기 瓦解된다.

○電話를 잘못 들어 큰 失手를 한다.

○옛 날에 앓던 病이 再發한다.

　　七赤中央坐의 年 또는 月에 西南을 吉方位로서 利用하였을때의 方德

○일은 順調롭게 發展한다.

○土地에 關한 利益이 생긴다.

○部下로 부터의 德을 입는다.

○旅行으로 因해 利得을 얻게 된다.

○胃가 튼튼해 진다.

　　凶方位로서 利用하였을 때의 方災

○나쁜 所聞이 原因이 되어 失業한다.

○아무리 努力하여도 보람이 없다.

○根氣가 없어진다.

○病이 오래 끈다.

　　八白中央坐의 年 또는 月에 北을 吉方位로서 利用하였을 때의 方德

○겉으로 나타나지 않는 援助를 받게 된다.

○새로운 知人을 通해 利益을 본다.

○戀愛로 부터 結婚으로 進行한다.

○精力이 旺盛하여 진다.

　　凶方位로서 利用하였을 때의 方災

○情事로 因한 失敗가 있다.

○部下가 不正을 저지른다.

○交際로 因해 損失을 빚는다.

○모든 일이 長期化하여 不調로 끝난다.

　　九紫中央坐의 年 또는 月의 南方位는 惡殺氣가 끼고 있음으로 누구나 利
用하여도 方災를 받는다.

○文書의 種類로 잘못이 생긴다.

○火難이 일어난다.
○公難이 일어난다.
○離別數가 있다.

○不名譽스러운 일이 생긴다.
○나쁜 緣談이 생긴다.
○密告를 當한다.
○選擧違反事가 일어난다.

五黃八方位의 方災

一白中央坐의 年 또는 月에 南方位를 利用하였을 때
○汚職을 行하여 그로 因해 自滅한다.
○訴訟事件이 일어난다.
○火難을 當한다.
○不名譽스러운 일이 일어난다.

二黑中央坐의 年 또는 月에 東北方位를 利用하였을 때.
○親한 사람으로 부터 財産을 橫領 當한다.
○相續人이 死亡한다.
○家屋問題로 粉爭이 일어난다.
○親戚과 絶交한다.
○後孫이 끊어진다.

三碧中央坐의 年 또는 月에 西方位를 利用하였을 때.
○金錢을 蕩盡하여 貧困에 빠진다.
○金錢貸借로 엉망이 된다.
○盜難을 當하여 再起不能이 된다.
○手術失敗로 生命을 잃는다.
○女性으로 因해 財産을 잃는다.
○言爭으로 殺傷事件이 일어난다.
四綠中央坐의 年 또는 月에 西北方位를 利用하였을 때.
○後援者를 잃어 落心한다.

○景氣의 暴落으로 困難에 빠진다.

○子息과 死別한다.

○權利를 잃는다.

　六白中央坐의 年 또는 月에 東南方位를 利用하였을 때.

○配偶者와 死別한다.

○道路에서 災難을 입는다.

○營業不振으로 破産한다.

○契約은 豫想을 어긋나게 한다.

　七赤中央坐의 年 또는 月에 東方位를 利用하였을 때

○發展이 停止된다.

○目的일을 잃는다.

○나쁜 部下로 因해 苦悶한다.

○火難을 만난다.

　八白中央坐의 年 또는 月에 西南方位를 利用하였을 때.

○營業不振으로 開店休業狀態가 된다.

○主婦가 死亡한다.

○失業한다.

○部下의 不正으로 信用을 잃는다.

　九紫中央坐의 年 또는 月에 北方位를 利用하였을 때.

○盜難을 當한다.

○情事로 因해 큰 失敗를 본다.

○病難으로 再起不能이 된다.

○讓渡를 받고서 困窮해 진다.

　六白八方位의 方德과 方災

　一白中央坐의 年 또는 月의 北方位는 惡殺氣를 띄고 있음으로 누가 利用
하여도 方災를 받는다.

○色情의 難이 일어 난다.

○탈것으로 因해 災難을 입는다.

○手術을 要하는 大病에 걸린다.

○銃砲 또는 火藥의 爆發로 負傷한다.

○地位가 있는 人物과 새로 交際가 생겨 그 結果는 災로 끝난다.

　二黑中央坐 의 年 　또는 月에 南을 吉方位로서 利用하였을 때의 方德.

○政治的으로 進出한다.

○心眼이 열려 豫感이 銳敏하여 진다.

○發明·發見의 榮譽를 받는다.

○證券이나 投機로 利得을 본다.

　　凶方位로서 利用하였을 때의 方災

○豫想이 틀려 損害를 招來한다.

○書類 또는 證券等으로 損失이 일어난다.

○火難이 일어난다.

○訴訟을 일으켜 敗訴한다.

○交通事故를 일으킨다.

○高血壓·心臟病·眼病 等으로 앓는다.

　三碧中央坐의 年 또는 月에 東北을 吉方位로서 利用하였을 때의 方德.

○舊態를 改革하여 좋은 結果를 얻는다.

○親戚 또는 友人이 後援해 준다.

○財產이 增加한다.

○相續人이 생겨 즐거움이 있다.

　　凶方位로서 利用하였을 때의 方災

○親戚 또는 親知 사이에 다툼이 생긴다.

○職場人은 解雇 當한다.

○交通事故를 當한다.

○改革을 試圖하여 沒落한다.

○허리를 傷한다.

　四綠中央坐의 年 또는 月에 西를 吉方으로 利用하였을 때의 方德.

○金融狀態가 좋아진다.

○現金去來가 많아진다.

○手上인 사람으로 부터 認定 받는다.

○社交가 能熟하여 진다.

凶方位로서 利用하였을 때의 方災

○情事로서 財產을 흩힌다.

○헛 소리를 듣다가 災難을 받는다.

○다툼질을 즐긴다.

○家庭不和가 된다.

五黃中央坐의 年 또는 月에 西北을 吉方으로서 利用하였을 때의 方德.

○他人을 盡力하여 名譽를 얻는다.

○健康이 增進하여 活動的이어서 物質的인 惠澤을 얻는다.

○新規事業이 發展한다.

○證券이나 投機로 利益을 본다.

凶方位로서 利用하였을 때의 方災.

○景氣變動을 把握하지 못하여 財產을 잃는다.

○手上인 사람과 다투어 不利하게 된다.

○過勞로 因해 發病한다.

○交通事故를 일으킨다.

七赤中央坐의 年 또는 月에 東南을 吉方位로서 利用하였을 때의 方德.

○順調롭게 發展한다.

○部下가 勤實하기에 利益을 본다.

○貿易으로 利益을 얻는다.

○氣力이 旺盛하여 진다.

凶方位로서 利用하였을 때의 方災

○遠地와 去來로서 損害를 입는다.

○部下와 不和가 쌓인다.

○手票가 不渡난다.

○感氣의 原因으로 胸疾患을 앓는다.

八白中央坐의 年 또는 月에 東을 吉方位로서 利用하였을 때의 方德.

○눈 부신 發展을 한다.

○새로운 事業에 援助者가 나타난다.

○地位가 向上한다.

○電話로 因한 즐거운 消息이 있다.
　　凶方位로서 利用하였을 때의 方災.
○新規事業을 始作하여 크게 失敗한다.
○勝負를 맺다가 大損을 當한다.
○詐欺에 걸린다.
○口舌로 因해 禍를 입는다.
　　九紫中央坐의 年 또는 月에 西南을 吉方位로서 利用하였을 때의 方德.
○土地關係로 利益을 본다.
○勤勉하여 信用이 增大한다.
○部下의 힘을 입어 豫想外로 發展한다.
　　凶方位로서 利用하였을 때의 方災.
○모든 努力이 水泡로 돌아 간다.
○土地關係로 損害를 입는다.
○過慾을 부리다가 損害를 본다.
○스트라이크의 影響으로 뜻하지 않는 災禍가 일어난다.

　　七赤八方位의 方德과 方災

　　一白中央坐의 年 또는 月에 西南을 吉方位로서 利用하였을 때의 方德.
○飮食關係의 일로 利益을 얻는다.
○社交的이어서 길이 트인다.
○土地關係로 收益을 본다.
○浪費가 줄어 財產이 增加한다.
　　凶方位로서 利用하였을 때의 方災
○말로만 함부로 지껄이다가 損害를 본다.
○情事로 몸을 그르친다.
○無氣力하게 된다.
○過去問題로 苦生한다.
　　二黑中央坐의 年 또는 月에 北을 吉方位로서 利用하였을 때의 方德.
○멋진 생각이 떠올라 成功한다.

○夜間營業으로 繁昌한다.

○緣談이 成立된다.

○숨겨 있었던 일로 즐거움이 생긴다.

　　凶方位로서의 方災

○秘密이 綻露된다.

○家庭의 不和로 貧困하여진다.

○情事로 金錢을 잃는다.

○몸이 衰弱하여진다.

　　三碧中央坐의 年 또는 月에 南을 吉方位로서 利用하였을 때의 方德.

○辯舌이 奔走하여 진다.

○觀察力이 優秀하여 진다.

○株式으로 利益을 본다.

○藝能的인 것으로 成功한다.

　　凶方位로서 利用하였을 때의 方災

○虛飾에 浪費를 한다.

○아는 척 하면서 知識자랑 하다가 미움을 받는다.

○火難을 當한다.

○公難을 받는다.

　　四綠中央坐의 年 또는 月에 東北을 吉方位로서 利用하였을 때의 方德.

○親戚이나 親知로 부터 金錢 援助를 받는다.

○家屋 또는 山林에 關해 즐거움이 일어난다.

○貯蓄이 增加한다.

○相續人에 惠澤을 입는다.

　　凶方位로서 利用하였을 때의 方災

○家庭內에 言爭이 많아진다.

○氣力이 달리기 때문에 일이 막힌다.

○不動産을 쉽게 놓치게 된다.

　　五黃中央坐의 年 또는 月에 西를 吉方으로 利用하였을 때의 方德.

○家庭內에 慶事가 일어난다.

○獨身者에게는 良緣을 맺는다.

○財産이 增加한다.

凶方位로서 利用하였을 때의 方災.

○盜賻에 熱中하다가 貧困에 허덕인다.

○酒色으로 因해 再起不能이 된 다.

○盜難을 當한다.

○豪華로운 生活에 젖다가 貧困하여진다.

六白中央坐의 年 또는 月에 西北方은 惡殺氣가 띄어 있음으로 누구나 利用하여도 方災를 받는다.

○金錢的 問題로 訴訟이 일어난다.

○投資로 失敗한다.

○交通事故를 當한다.

○刃物로 因한 難을 맞는다.

○大員傷을 입는다.

○나쁜 女性으로 부터 속임을 當한다.

八白中央坐의 年 또는 月에 東南을 吉方位로서 利用하였을 때의 方德.

○社會에서 信用이 增加한다.

○宴會 또는 野遊會를 通해 營業이 發展한다.

○獨身者는 좋은 緣分을 맞는다.

○部下가 부지런히 일한다.

凶方位로서 利用하였을 때의 方災.

○金錢을 借用하였다가 넘어진다.

○向上心이 缺乏하여 진다.

○過勞로 健康이 衰退하여 진다.

○情事와 酒食으로 몸을 傷하게 된다.

九紫中央坐의 年 또는 月에 東을 吉方位로서 利用하였을 때의 方德.

○名聲이 높아 진다.

○職場人은 昇進한다.

凶方位로서 利用하였을 때의 方災

○거칠은 言動으로 미움을 받는다.

○他人의 意見에 反抗하게 된다.

○訴欺에 걸린다.
○나쁜 所聞이 퍼진다.

八白八方位의 方德과 方災

一白中央坐의 年 또는 月에 東을 吉方位로서 利用하였을 때의 方德
○打開策을 改革하여 發展한다.
○親戚 또는 知人의 뒷받침으로 好運을 잡게 된다.
○部下와의 協力으로 向上한다.
○家屋이나 山林關係로 利益을 얻는다.

凶方位로서 利用하였을 때의 方災
○活動이 停止된다.
○親戚 또는 知人과의 다툼이 많이 생긴다.
○輕率히 行動하여 失敗한다.
○神經通으로 苦生한다.

二黑中央坐의 年 또는 月의 西南方位는 惡殺氣가 되어 있음으로 누구나
利用하여도 方災를 받는다.
○經營이 困難하여 진다.
○家屋이나 土地關係로 失敗한다.
○老婦人으로 부터 損害를 입는다.
○不良債權이 增加한다.
○雇傭人 때문에 問題가 일어난다.
○無一分이 된다.

三碧中央坐의 年 또는 月에 北을 吉方位로서 利用하였을 때의 方德
○知慧로운 사람이 相談相對가 되어 준다.
○새로운 知人과의 共同經營으로 成功한다.
○숨은 經濟後援者에 依해 모든 것이 順調로워 진다.

凶方位로서 利用하였을 때의 方災
○蓄財한것을 잃는다.
○家庭內에 苦悶이 생긴다.
○雇傭人에 속임을 當한다.

○病이 再發한다.

　　四綠中央坐의 年 또는 月에 南을 吉方位로 利用하였을 때의 方德
○先見之明을 얻는다.
○學理의 原理를 發見하여 名譽를 얻는다.
○名譽가 上昇한다.
○不動産으로 因해 즐거움이 생긴다.
　　凶方位로서 利用하였을 때의 方災
○名譽慾에 사로 잡혀 失敗한다.
○親한 사람과 訴訟問題를 일으킨다.
○財産訴爭이 생겨 敗訴 當한다.
○火難을 當한다.

　　五黃中央坐의 年 또는 月에 東北을 吉方位로서 利用하였을 때의 方德
○整理改革을 行하여 狀態가 改善된다.
○財産이 增加된다.
○相續問題에 安定을 얻는다.
○部下로 부터 惠澤을 입는다.
　　凶方位로서 利用하였을 때의 方災
○只今까지 順調로웠던 일이 갑자기 나쁜 狀態로 變한다.
○賣上額이 未收로 黑字倒産한다.
○一家가 斷絶한다.
　　六白中央坐의 年 또는 月에 西吉方位로서 利用하였을 때의 方德
○親戚 또는 知人의 協力으로 事業은 成功한다.
○不動産에 依한 즐거움이 있다.
○貯蓄이 增加한다.
○獨身者는 좋은 因緣을 맞는다.
　　凶方位로서 利用하였을 때의 方災
○金錢問題로 親戚 또는 知人과 不和를 빚게 된다.
○不動産의 損失이 있다.
○어떤 일이든 막혀 萬事不成이다.

○不必要한 支出이 많아 진다.

　七赤中央坐의 年 또는 月에 西北을 吉方位로서 利用하였을 때의 方德

○手上인 사람의 引導로 즐거움이 있다.

○苦悶하고 있던 일이 풀어지게 된다.

　　凶方位로서 利用하였을 때의 方災

○盜賊으로 破産한다.

○血液循環이 惡化하여 健康을 害친다.

　九紫中央坐의 年 또는 月에 東南을 吉方位로서 利用하였을 때의 方德

○매우 多忙하여져서 收入이 늘어난다.

○不動産 賣買로 利益을 본다.

○獨身者는 좋은 姻緣을 맺는다.

○職場人은 榮轉한다.

　　凶方位로서 利用하였을 때의 方災

○不動産에 關해 옥신 각신하는 일이 생긴다.

○夫婦의 緣이 變한다.

○緣談은 順調롭게 이루어 지지 않는다.

○職場人은 左遷한다.

　　　九紫八方位의 方德과 方災

　一白中央坐의 年 또는 月에 東南을 吉方位로서 利用하였을 때의 方德

○遠方과의 去來가 盛해 진다.

○貿易關係로 利益을 얻는다.

○職場人은 榮轉한다.

○社會的으로 名譽가 높아진다.

　　凶方位로서 利用하였을 때의 方災

○文書上으로 過失이 생긴다.

○婚約이 破해 진다.

○公難이 일어난다.

○契約한 일은 長期化되어 順調롭지 못하다

二黑中央坐의 年 또는 月에 東을 吉方으로서 利用하였을 때의 方德
○才能을 認定받아 成功한다.
○發明 또는 發見으로 成功한다.
○電話로 因한 利益이 생긴다.

　凶**方位**로서 利用하였을 때의 方災
○名譽慾에 쫓기어 드디어는 評判이 나빠진다.
○火難을 만난다.
○性急하게 된다.

三碧中央坐의 年 또는 月에 西南을 吉方位로서 利用하였을 때의 方德
○共同事業으로 成功한다.
○土地關係로 利益을 얻는다.
○엣 知人으로 부터 有利한 話題를 듣게 된다.
○部下가 誠實하여 成績이 上昇한다.

　凶**方位**로서 利用하였을 때의 方災
○다툰 일로서 不動産을 잃는다.
○觀察力이 鈍해진다.
○知慧者인 처럼 憍慢 스럽기만 한다.
○協力者들은 곁을 멀어져 간다.

四綠中央坐의 年 또는 月에 北을 吉方으로 利用하였을 때의 方德
○좋은 議論相對者를 얻는다.
○나쁜 패만 늘어 난다.
○酒色으로 金錢에 損失을 본다.
○居住地에 살지 못하게 되어 遠地로 夜間逃走한다.
○親한 사람과 離反하여 孤獨하게 된다.

五黃中央坐의 年 또는 月에 南을 吉方位로 利用하였을 때의 方德
○地位나 名譽가 上昇한다.
○先見之明을 얻어 成功한다.
○共同事業으로 成功한다.
○手上인 사람으로 부터 引導를 받는다.

凶方位로서 利用하였을 때의 方災

○公難을 招來한다.

○住居가 安定하지 않게 된다.

○依地할 相對와 離別한다.

○書類關係로 災難을 當한다.

○憂鬱症이 생긴다.

六白中央坐의 年 또는 月에 東北을 吉方位로서 利用하였을 때의 方德

○不備한 點을 改革하여 發展으로 向한다.

○新規事業이 進展한다.

○不動産으로 因해 즐거움이 일어난다.

○親한 사람으로 부터 좋은 構想을 얻게 된다.

凶方位로서 利用하였을 때의 方災

○財産相續의 問題로 다툼이 일어난다.

○改革을 斷行하여 再起不能이 된다.

○共同事業을 일으켰다가 싸움으로 헤어진다.

○火難을 맞는다.

七赤中央坐의 年 또는 月은 惡殺起가 끼어 있음으로 누구나 利用 하여도 方災를 받는다.

○金錢의 大損을 當한다.

○勝負事로 因해 損害를 본다.

○裁判問題가 일어난다.

○華麗한 차림이 原因이 되어 失敗한다.

○劍難을 받는다.

○情事에 依한 刃傷 沙太가 벌어진다.

○發狂한다.

八白中央坐의 年 또는 月에 西北을 吉方으로 利用하였을 때의 方德

○特許權에 依한 利得을 본다.

○윗사람으로 부터의 引導를 받는다.

○證券等으로 利益이 있다.

○漸次 活動家가 된다.

凶方位로서 利用하였을 때의 方災
○投機로 因한 失敗가 있다.
○交通事故를 當한다.
○過勞로 因해 高血壓이 된다.
○덤벙 대다가 일을 그르친다.

日의 八方位原則判斷

移徙할 때 또는 新築할 때는 年月의 吉方位를 擇하지 않으면 안 되지만 자그마한 用務나 訪問은 日盤方位의 吉凶을 보기로 되어 있다.

그러면, 每日 每日 九精氣의 配置를 알려면 每年 市販되고 있는 冊曆에 一白 또는 二黑이라고 쓰여져 있으나, 一白이라고 쓰여 있는 날은 一白中央坐日이며, 二黑이라고 쓰여 있는 날은 二黑中央坐의 日이다.

吉方을 利用하여도, 凶方을 利用하여도 그 影響은 年은 六〇個年이며, 月은 六〇個月 繼續하지마는 日은 六〇日이니까 影響作用이 적다고 생각하면 크다란 잘못을 일으킨다.

例를 들면 請託할 일이 있어서 訪問할 境遇에, 相對方의 家庭에서 夫婦싸움을 하고 있을 때라면, 到底히 請託用件을 들어 내어 놓을 수는 없을 것이다.

이런것 들은 七赤日에 西方位의 家庭을 訪問하면 부딪히게 되는 問題이다.

七赤中央坐인 때는 年이든, 月이든, 日이더라도 西方에 九紫가 惡殺氣가 띄어 돌고 있으므로 이 날에 西方으로 가면 九紫惡殺氣의 現象에 부딪힌다. 夫婦싸움이나, 警察問題等은 九紫惡殺氣의 象意의 하나이다.

訪問할 境遇는 四綠·八白·九紫의 精氣가 運行하고 있는 方位로 간다면 歡迎받는다. 그러나, 西의 九紫로 가면 안되는 것처럼 四綠方位도 九紫中央坐인 때에 南方으로 가면, 四綠이 惡殺氣를 띄고 있으며, 또, 八白方位도 二黑中央坐인 때에 西南方으로 가면, 八白이 惡殺氣를 띄고 있으므로 凶現象으로 苦悶할 따름이다.

日盤一白方位의 原則判斷

日의 一白方位에 訪問하면, 相對方은 무엇을 골돌히 생각에 잠겨 있든가, 아니면, 걱정스러운 일이 있어 苦悶하고 있기 때문에 平素처럼 親切하게는 應對하여 주지 않는다. 또는 異性과의 만날 約束때문에 괴롭히든가 不在中일수도 있다.

이 方位로 訪問하였을 때의 話題는 病에 關한 일, 異性關係의 일, 苦境에

關한 이야기들이 나온다.

食事를 할 무렵이면 언제나 食事차림의 對接을 해주는 집이라도, 그날에 限해서는 食料品이 가득 있으면서도, 「오늘은 아무것도 없으므로 茶나 한잔 ──」라고 할 때도 있든가, 또는 食事를 들고 난 뒤의 나머지를 먹게 될 境遇도 있다.

相對가 獨身者라면 「어제까지 菓子가 있었는데 모두 먹어 버렸다. 돈도 다 써버렸기 때문에 對接도 못한다. ──冷藏庫에 牛乳가 두 세병 있으니 이것이라도 마시자」라고 하게 된다.

또 이 方位로 가면 흔히 오래 앉아 있어 저녁 같은 때는 相對가 眼氣를 가질 때까지 앉아 박이는 수도 있다.

〔解説〕 생각에 잠긴다 든가, 苦悶하고 있다 든가는 一白의 動作으로서 집 안에 들어 박혀있다는 것은 一白에 拒逆하는 뜻이 있기 때문이며, 異性과의 密會는 一白에 色情의 意가 있기 때문이다. 또 "一白을 病이라 함"으로서 病이나 病人이 이야기가 들먹이며 "一白을 困難으로 함 으로서 말이 많아 진다.

食事가 粗雜한 것은 一白에 貧하다 든가 乏한 意가 있음으로서, 一白이 運行하고 있는 方位로 가면, 그 날 따라서 食料가 缺乏하고 있든가, 또, 魚肉의 料理라도 脂肪分이 不足하기 때문에 맛이 없게 된다.

一白은 「貧困·缺乏·払底」의 意가 있으므로 借用金의 申請等을 할 때 相對의 方位에 一白이 運行하고 있는 날에 가면 假令 富者라도 마침 手中에 갖인 것이 없을 때임으로 豫定이 어긋난다.

例 一白과 얕은 잠자기

어느 때 日의 一白方位로 친구를 訪問하였더니 玄關 앞에 물을 넣은 물통이 놓여 있었다. "淸掃에 썼던 그대로 뒷처리를 잊었구나"라고 느끼면서 벨을 눌리니 좀처럼 나오지 않기에 집이 비었나 보다 하고 돌아 갈려고 하니까, 친구가 나타나서 「아, 어서 와. 오늘은 집안에서 혼자 집 보기를 한다」고 하였다.

"모두 없었기에, 玄關에 一白象意가 나타난 것일까"라고 생각 하였으나 「얕은 잠을 자면 感氣가 걸린다」라고 하니 「아! 여기서는 보이지 않을 텐데」라면서 싱글 벙글 웃었다. 이 判斷은 一白方位로 가서 처음 눈에 띈 물통으로서 占性을 느꼈다. 물은 一白의 象意이니, 一白에는 잠 잔다. 졸다. 낮잠의 意가 있기 때문이다.

日盤二黑方位의 原則判斷

日의 二黑方位로 訪問하면, 相對가 無氣力한 狀態로 있기 때문에 이 쪽 이야기 듣기를 빠뜨리거나 分明한 對答을 해 주지 않는 일들이 있다.

또 相對는 時間이 남아 돈다든가, 手細工을 하고 있는수도 있다.

食事는 故鄕에서 가져 온 것이거나 下級品으로 맛 없는 것이 나오거나 때에 따라서는 茶 한잔도 나오지 않을 때도 있다.

話題는 營業上·土地關係·以前의 일을 되풀이 하는것 等이다.

〔解說〕 어렴풋이 精神없이 하고 있는 模樣은 「二黑은 無라 함」으로 머리 속이 비어 있을 때이며, 手細工이라는 것은, 「二黑을 右手라 함」 「二黑을 勤勞라 함」으로 손을 움직이는 것은 二黑象意의 動作이다.

또, 「二黑을 營業이라 함」 「二黑을 大地라 함」으로서 그런것 들의 話題가 나오지 마는 過去事의 이야기가 나오는 것은 「二黑을 古라 함」의 意가 있기 때문이다.

食事가 맛 없고 값싼 것이 나오는 것은 二黑은 庶民의 意로서 값도 庶民 的인 값싼 品目이며, 맛 없는 것은 「二黑은 無라 함」이니 無味 하다는 것이 된다.

또 언제까지 있어도 茶 한잔도 나오지 않는 것은 亦是 「二黑은 無라 함」이 動하여, 茶菓의 用意가 없다든가, 머리 속이 「無」로 되어 있어 내어 놓은 일을 잊고 있는 狀態이다.

例 二黑方位와 老婆

鑑定을 받으려 온 손님이 돌아 갈때 「지금 부터 딴 곳을 다녀 갈 곳이 있다」라고 하기에 方位를 물었더니 손님의 집에서 日의 二黑에 該當되는 곳이었다.

「당신은 빈집을 보는 집에 가서 用務를 보지 못하든가, 老婆와 이야기 하고 돌아 갈 것이요」하니

「예 老婆에 用務가 있었어요」라고 答하였다.

「二黑은 母라 하며, 老婆라 함」의 意로 부터 나온 判斷이다.

日盤三碧方位의 原則判斷

三碧方位로 訪問하면, 相對는 音樂을 듣고 있든가, 樂器를 奏하고 있을 때가 있다.

이야기 할 일이 있어 찾아 갔을 境遇 相對가 한창 지껄이고 있어 오히려 이 便에서 듣는 役이 되는 形式이 되며, 또는 先客과 對話中으로 언제 까지 期待려도 이 쪽 이야기를 할 機會가 없어지기도 한다.

또 請託할 일이 있어 訪問했을 境遇는 全然 對話가 되지 않고 혀 끝으로만 誠意없는 對答을 하는 傾向이 있기도 하다.

엄살을 부리는 이야기를 듣거나, 뜻하지 않은 抗議를 받아 어이 없다든가, 또는 傳信까지 依賴받는 境遇도 있다.

食事는 新鮮한 野菜 또는 젓갈等이 나오게 된다.

〔解說〕相對가 音樂을 듣고 있다든가 樂器를 演奏하고 있다든가 하는 것은 三碧에 「聲·音」의 意가 있으므로 相對로 부터의 지껄대는 것을 듣고 있든가 아니면 先客과의 對答內容을 듣고만 있어야 하는 것도 그 때문이다.

또, 反對的인 態度를 보이는 것은 三碧에는 叛하는 象이 있기 때문이지마는 허풍을 떠는 것을 듣는 것은 「三碧을 聲은 있어도 形은 없다」의 意이다. 形이 없는 이야기로 거짓말을 듣는 수도 있으며, 詐欺에 걸리는 수도 있다.

抗議라든가 傳信은 「三碧을 聲이라 함」의 意에서 일어나는 作用이다.

食事 때, 新鮮한 野菜라는 것은 三碧에 「新生·新芽·若芽」의 意가 있음이며, 젓갈(鮨)이라는 것은 五行의 五味에 나누면 木精氣는 酸味에 該當함으로, 三碧方位로 가면 酸物을 먹게 되는 것이다.

日盤四綠方位의 原則判斷

四綠訪位로 訪問하면, 相對가 外出할려고 하는 刹那이거나, 막 돌아 왔을 때 찾아 가게 된다. 또는 물건을 整理하고 있는 場面이라든가 하는 때이기도 하다.

話題는 遠地의 일·旅行이야기·鳥類에 對한 것, 緣談에 關한것 等이다. 四綠方位를 訪問해 가면 歡迎을 받는다.

食事는 국수類라 든가 장어 (鰻)等이 나올 것이다. 四綠方位로 처음 사람을 訪問하면 가는곳 마다 헛걸음을 하든가, 한집 뿐이 아니고 어딘가든 들리게 된다.

〔解説〕 相對가 外出할 무렵이나 돌아 왔을 때 간다든가, 헛걸음을 한다든가, 한집 뿐이 아니라는 것은 四綠에 「往來·出入」의 意가 있기 때문이며, 물건의 整理는 「四綠을 調整으로 함」의 象意에서 일어난 動作이다.

四綠에는 「遠方·旅行·飛物·緣談」의 象意가 있기 때문에 이것들의 話題가 나오는 까닭이며, 相對가 歡迎하는 것은 四綠은 易象의 倒兌로서, 兌는 七亦의 象이니 「悦」의 意가 있기 때문이다. 국수類나 鰻이라는 것은 「四綠을 長으로 함」의 意로서 形体가 긴것을 먹히게 된다.

日盤五黃方位의 原則判斷

五黃方位로 訪問하면 不在인 때가 많지마는 처음 訪問하는 집들은 찾기 힘들어 피로움을 겪는다.

相對는 毀物 또는 廢物을 整理하고 있든가 古物等을 만지고 있든가 또는 糞尿自動車가 와 있을 때도 있다.

用件은 大部分 이야기가 整理안되며 또 그 때는 形便이 좋은것 같으면서도 結果的으로는 헛手苦가 되며, 때로는 자질구레한 말씨가 되는 수도 있다. 過去의 실없는 이야기라 든가, 욕을 듣기도 하여 氣分을 害친다 든가 변변찮은 일이 없다.

食事는 오래된 것이거나 먹다 남은 것을 주어 모은 것을 내어 놓을 것이니 뒤에 腹痛 또는 泄瀉를 일으킨다.

〔解説〕 不在 또는 집을 찾지 못하는 것은 五黃에 「無」의 象意가 있기 때문에 毀物이나 廢品 또는 糞尿는 모두 쓸모 없는 것이므로 이것들은 五黃 象意이다.

또 「五黃을 古로 함」이니 古道具라든가, 腐敗된 食物이라는 뜻이다. 이 方位로 가면 失物하기 쉽나.

日盤六白方位의 原則判斷

六白方位로 訪問하면 相對는 不在中이거나 아니면, 至極히 多忙中일 것이다. 先客으로 老人 또는 勝負師(將棋 또는 바둑) 또는 師匠格인 人物이 와 있을수도 있다.

話題는 信仰에 關한것, 戰爭에 對하여·官廳·特許權·散財·自動車 等에 關한 話題가 進行中일 것이다.

食事일 때는 珍貴한것等 上等品이 나온다.

〔解説〕「六白을 無로 함」「六白을 動不止라 함」의 意로 不在 또는 多忙하다는 것이 된다. 老人 또는 師匠이라는 것은 六白에 老父·手上·指導者의 意가 있음으로써 「六白을 戰爭으로 함」으로 碁·將棋·씨름·戰爭의 이야기 等이 나올수 있다.

散財는 「六白을 施行으로 함」

또 六白은 天에 象取함으로, 통털어 最高인것, 上位·上等인 것의 意를 가지고 있다.

日盤七赤方位의 原則判斷

七赤方位로 訪問하면 相對는 飲食을 먹고 있거나 金錢의 計算等을 하고 있다. 또는 少女와 즐겁게 장난치고 있다.

相對는 疲勞하여 元氣가 없는 表情으로 應對할 수도 있으며, 때로는 自己 意見을 强하게 主張하거나, 비꼬는 수도 있을 것이다.

話題는 飲食物에 關한것·女性·金錢·言爭했던 일 失敗談 等이 나올 것이다.

食事일 때는 鳥類料理 또는 식어서 미직지근한 料理가 나오게 될것이다.

〔解説〕「七赤을 口로 함」으로서 飲食關係·비꼼·言爭의 問題가 일어난다.

七赤에는 金의 象意가 있으며 또 젊은 女性이라든가, 喜樂과 意가 있음므로 遊興이야기도 나온다.

元氣가 없음은 氣力의 不足, 失敗는 注意力의 不足, 식은 飲食物은 熱力의 不足이니 이것들은 七赤의 「不足·缺陷」의 象意가 일어나는 作用이다.

七赤은 三碧과 같이 叛하는 意가 있어서 입을 向方으로 돌린 象이므로 訪問하여도 不愉快한 일이 많다.

日盤八白方位의 原則判斷

八白方位로 訪問하면 相對는 이쪽을 期待리고 있던 참이어서 歡待한다.

相對는 作業 또는 일의 一時 맺음이 되어 있어 休息中이거나, 무언가 方針을 헤메고 있는 中이므로 제빨리 相議를 提案한다.

話題는 親戚의 일, 相續問題·山林·家屋等의 問題이다.

食事는 肉類·山羊·연어 또는 송어 等이다.

〔解說〕八白은 期待리는 意, 이쪽을 向해서 닥아오는 意가 있으며, 또 繼續하여 오던 일을 끝마치고 다시 新規事業을 始作하는 意가 있다.

八白을 親戚 또는 相續으로 하는 것은 聯關 또는 繼續이라는 象意로 부터서 이다.

「八白을 山으로 함」「八白을 家로 함」의 象意가 있으며, "高„라는 意에서 卓子 또는 椅子類가 되며, 山의 意와 肉의 意로 부터 獸肉이라고 할수 있다.

또 山은 흙이 蓄積 된것이므로 金錢으로 말하면 貯蓄이 되며, 八白에는 背後의 意가 있으므로 이쪽 方位로 가면 途中에서 知人의 뒷 모습을 볼수 있다

日盤九紫方位의 原則判斷

九紫方位로 訪問하면 이것 또한 歡迎을 받는다.

相對는 文書를 調査하고 있거나 讀書에 잠겨 있을 것이다. 또는 두 사람이 무언가 協議하고 있을 것이다.

相對가 女性이라면 化粧中이거나, 正裝한 차림으로 있을 때 訪問하게 될 것이다. 先客으로는 美人·醫師·画家·藝人과 같은 사람이 와 있을 것이다.

話題는 學問에 關한 일 觀光旅行·警察問題 等이다.

食事는 定食 또는 海苔·아름답게 꾸민 飮食物

〔解說〕九紫는 火의 象意로서 불붙는 意로 부터 歡迎하여주게 될 것이다.

「九紫를 木으로 함」로 물건을 보는 意가 되어, 讀書·鑑定·調査物·求景이라고 할수 있다.

人物을 取한다면, 醫師 또는 檢査官이 되며, 또는 美飾의 意로서 美人 또는 排優를 말한다.

九紫는 頭部의 象意, 밝은 象이 있음으로써 知識의 意도 하니, 學問이리

는 것도 된다.

불태운 물건, 들어 올린 물건, 水氣가 없는 물건 九紫象意의 飮食物이다.

이 方位로 가면「九紫를 見으로 함」으로 知人과 만난다 든가, 時間보내기로 映画舘에 들린다 든가, 書店에서 책을 읽고 있을 때가 있다.

日盤惡殺氣方位의 原則判斷

日의 惡殺氣 方位로 가면 어떤 일이 일어나는 것인지를 說明해 보기로 한다.

이 方位로 가면 不愉快한 일이나 損災가 일어나며, 重하면 負傷 또는 잘못이 일어 난다. 그러므로 하루 延長하지 않으면 안된다. 延長하지 않으면 안될 境遇에는 九精氣의 惡殺氣 作用을 充分히 안 然後에 極力 그것에 말려들지 않도록 注意하지 않으면 안된다.

一白惡殺氣의 方位

三碧日에 東으로 가면 一白惡殺氣의 方位이다.

이 方位로 가면, 下水溝나 물구덩이에 失足하여 빠지게 되어 신발과 양말이 진창이 된다든가, 自動車로 泥水를 튕기게 되어 옷을 더럽히거나 미끄러지는 수도 있다.

또 낮에 男女가 同衾하고 있는 場面에 가게 되어 서로 不快한 느낌을 갖게 하기도 한다.

遊興場에 갔을 境遇에는 美人計에 걸려 돈을 쓰게 되어 바가지를 보게 되거나, 女子問題로 싸움이 벌어지기도 한다. 또 病者인 女子가 나타나 氣分을 그르치는 수도 있다.

二黑惡殺氣의 方位

八白의 日에 東北으로 가면 二黑惡殺氣의 方位이다.

이 方位로 가면 乘用物内에서 失物을 하든가, 길에서 失物을 하며 訪問하려는 집을 찾지 못하여 헛 手苦만 하고 되돌아 온다.

交涉하는 일은 相對가 慾心을 부려 理解가 가지 않는 말을 지껄이거나 아무리 說明하여도 받아 들이지 않아 애를 쓰게 된다.

例 二黑惡殺氣와 皮膚病

八白日에 東北方位로 空家를 찾으러 가서 안에 들어 갈수 없으므로 담너머로 기웃거리다가 되돌아 온다.

다음날 아침에 팔이 가려움기에 보았더니 皮膚가 빨갛게 되어 있었다. 어떻게 이런 일이 났는지를 생각해 보니 어제담 단장을 기웃거렸을 때 단장 풀이 팔에 스쳤다는 것이 떠 올랐으나 그와 同時에 「아／ 어제는 二黑惡殺氣에 갔기 때문에 그것이 나타난 것이구나」라고 느껴졌다.

二黑에 皮膚病의 意가 있으며, 二黑은 右手의 意가 있었기 때문이었으나 二~三日로서 病은 나았다.

三碧惡殺氣의 方位

四綠日에 東南으로 가면 三碧惡殺氣의 方位이다.

이 方位로 가면 出發하자 막 自動車와 衝突할뻔 하여 큰소리로 욕을 먹게 되거나 避할려다 발을 捻挫 當하거나 시원찮은 일이 생긴다.

또 相對方으로 부터 거짓말을 듣던가, 그렇지 않으면 놀림을 當하기도 한다.

例 三碧惡殺氣의 舌禍

氣學鑑定 敎授를 하고 있던 故人인 大研堂은 나하고는 兄弟之情이 었으나 나 大端한 人氣가 있었으므로, 新年宴會를 開催하면 百名 가까운 사람들이 모인다.

어느 新年宴會에서 넓은 房안의 西北쪽 구석진 곳에 있는 K君이 큰 소리로 「今日은 四綠日이므로 東南에 三碧惡殺氣가 돌고 있읍니다. 여러분 말에 조심 하십시요」라고 말 하였다.

한번 뿐이면 몰라도 큰소리로 몇번이나 말하므로 듣기가 민망 하였다. 宴會가 거의 끝날 무렵 東南쪽에 있던 A君이 西北쪽에서 樂器를 演奏하던 女性쪽으로 왔어 「내가 지금부터 劍劇을 할테니 演奏는 그만 中止하여다오라고 하면서 劍을 옆구리에 꽂아 넣어 房中央으로 걸어 갈려고 할 때, K君이 演奏者를 보고, 「어이 劍劇을 演奏하라」라고 큰소리로 命令하였더니 A君이 씩 들이시더니 「이놈 劍劇를 演奏하라니 무슨 말이냐 나는 大研堂先

生을 爲해 劍劇을 할려고 한다. 안된다면 안하면 될게 아냐 못난녀석 ╱」이
라고 高喊지르며 元來 자리로 돌아갔다.

A君의 말을 듣고 同僚들도 大怒하여 「야이 이새끼야— 함부로 건방대지
말라」면서 怒聲을 지르며 옥신각신 하기 始作하였다.

그럴 때에 大研究堂先生이 와서 K君에게 「당신은 조금前 부터 『여러분
말 조심 합시다』라고 하였으면서 自身이 注意하지 않으면 안되었던 것이요」
라고 하며 나에게 「D君은 저분들과는 가까운 사이이니 잘 타일러 주시게」
라고 엉뚱한 所任을 맡게 되었다.

K君은 劍劇할 때의 演奏를 시키려고 「劍劇 演奏」라고 하였지만 A君은
自身이 演出할려는 劍劇을 그만두라는 말로 誤解하였던 것이다.

四綠惡殺氣의 方位

九紫日에 南으로 가면 四綠惡殺氣의 方位이다.

이 方位로 가면 交通事故를 일으키든가, 말에 誤解가 많으며 滿足스러운
結果를 얻지 못하게 된다. 또 應接室의 暖房用 가스管에 헛 짚어 머리를
부딪히든가, 去來 또는 契約을 行했을 境遇는 書類에 잘못이 생기거나 찍은
印鑑이 틀리는 일 等이 일어난다.

六白惡殺氣의 方位

一白日에 北으로 가면 六白惡殺氣의 方位이다.

이 方位로 가면 乘用物에 依한 災禍가 일어난다. 急한 일인데도 車가
故障이 났으니 제 時間에 닿지 못하거나 交通事故를 일으키는 境遇가 있
다.

또 찾아간 곳에서 意外로 無意味한 散財하거나 사람을 訪問했을 때는 憍
慢한 態度로서 應對하므로 싸움이 벌어지기도 한다.

七赤惡殺氣의 方位

六白日에 西北으로 가면 七赤惡殺氣의 方位이다.

이 方位로 가면 辱을 듣거나, 不快하게 끈적끈적 달라 붙는 귀찮은 일을
當하기도 한다. 또 相對方의 말을 듣고 큰 誤解로 因해 刃傷沙汰로 發展
하니 特히 注意를 要한다.

또 나쁜 約束을 걸어 온다든가, 달콤한 말을 듣다가 드디어 속임수에 넘어 가는 수도 있다.

八白惡殺氣의 方位

二黑日에 西南으로 가면 八白惡殺氣의 方位이다.

이 方位로 가면 길 모퉁이에서 衝突하여 다친다거나 뜻밖에 나들이에서 만난 사람과 不愉快한 느낌을 가질수도 있다. 또 相對方의 家庭에서는 親戚들이 모여 앉아 이러쿵 저러쿵하여 用務를 보지 못하는 때도 있다.

九紫惡殺氣의 方位

七赤日에 西로 가면 九紫惡殺氣의 方位가 된다.

이 方位로 가면 相對方과 하찮은 일로 화를 내어 물건을 나눈다거나 잘못 보거나, 잘못 생각에서 다툼이나 損失의 原因을 만든다.

例 九紫惡殺氣와 警察의 보살핌

친구로부터 「오늘 저녁 내가 麻雀을 하니 오지 않겠나」라고 招誘를 받았으나 그날은 七赤으로 우리집에서 西에 該當함으로 辭讓하였으나, 첫日 그 친구에게 用務가 있어 訪問하였더니 그 집안이 온통 修羅場이 되어 아무도 없었다.

이웃 사람에게 事情을 물었더니 「麻雀賭博을 하고 있다는 情報가 警察에 알려 기어이 어제밤 強制 家宅搜索을 當했다」라는 것으로, 氣學을 알고 있었기 때문에 禍를 免하게 되었다는 이야기를 大硏堂先生으로 부터 들은 일도 있다.

到來品과 方位

一白方位로 부터의 到來品

一白이 運行하고 있는 方位 (即 五黃中央坐인 때면 北方位, 六白中央坐인 때면 南方位)로 부터의 到來品은 대체로 上等品이라고 할수 없다. 種類는 一白象意의 物品이거나, 또는 一白象意의 作用을 가지고 있는 것들이다.

例 一白方位로 부터의 鯉

어느 때, 厚意를 가진 사람으로부터 「좋아 하시기에 가지고 왔읍니다」라면서 잉어를 주었다. 어머니께서는, 오늘 저녁에 먹을려면 生鮮집에 付託하여 料理를 만들어 올께」라고 하셨다.

「이 잉어는 맛이 있을 理 없다」라면서 그만두게 하였다. 모처럼 가지고 온것을 먹어보지도 않고 남의 誠意를 無視하는것 같아서 生鮮집에 付託하였으나 結局 맛 없는 잉어였다.

왜 맛 없는 잉어임을 判斷하게 되었나 하면 이 잉어는 一白方位로 부터 왔는 잉어임으로 一白이 잉어의 모양으로 왔던 것으로 生覺하면 좋으므로, 一白에 "苦悶" "病患"의 象意가 있으므로 衰弱하여 脂肪이나 고기붙임도 없다는 뜻이 된다.

이러한 물건은 六白이 八白의 方位로 부터 받으면 美味의 判斷이 된다. 六白은 "上等"의 象意가 있으며 八白은 고기살을 뜻하기 때문이다.

또 衣類따위는 다음과 같다.

一白方位로 부터는 無地인것. 絣인것.

二黑方位로 부터는 無地인것. 木綿인것.

三碧方位로 부터는 靑味가 낀것 또는 봄에 입는 옷.

四綠方位로 부터는 絹物.

五黃方位로 부터는 古物 옷이거나, 店舖整理品이거나 絹織이 많을 것이다.

六白方位로 부터는 비단이거나 高級毛織物.

七赤方位로 부터는 어린이 衣類.

八白方位로 부터는 물림옷이거나 原段.

九紫方位로 부터는 아름다운 模樣의 비단 또는 華麗한것.

二黑方位로 부터의 到來品

二黑이 運行하고 있는 方位로 부터의 到來品은 값싼 것이거나 받아도 別所用이 없는 것이 많다.

飮食이라면 甘物, 物品이면 네모진것이나 木綿으로 된것이다. 또「二黑을 大地로 함」이니 신발 類를 얻는 수도 있다.

三碧方位로 부터의 到來品

三碧이 運行되고 있는 方位로 부터의 到來品은 珍貴한것, 新製品, 食料品이면 新鮮한것이라 하겠다.

音이 나는 物品, 電機器具 또는 藥品 또는 柑橘類를 받을 수도 있다.

四綠方位로 부터의 到來品

四綠이 運行하고 있는 方位로 부터의 到來品은 便利하고 模樣이 좋은것 또는 遠地로 부터 分配받는 물건, 旅行地로 부터의 膳物을 받는다.

또 形体가 긴 것이거나 "帶„, "紐„類를 받는다.

五黃方位로 부터의 到來品

五黃이 運行하고 있는 方位로 부터의 到來品은,

古物, 腐敗物, 無用物이다.

菓子 따위는 두 세집 돌림 바꿈하여 왔는 것이기에 맛이 變하였거나 또는 店舖整理品으로서 外裝한 箱子가 色이 變하였기도 하다.

五黃方位로 부터 받았어도 맛이 變하지 않는것도 있으나, 그런 것들은 醬類, 酒類로서 品質自体가 五黃象意인 것이다. 그러나 極上의 製品이라고는 할 수는 없다.

六白方位로 부터의 到來品

六白이 運行하고 있는 方位로 부터의 到來品은 一流 메이커―의 製品이 거나, 珍貴한것, 또는 高價品이다.

食料品이라면, 筒졸림, 果實類, 鷄卵을 使用한 製品이다.

物品으로는 가방, 보자기, 衣類, 寶石, 時計, 핸드빽 等이나 어느 것이든 高級品이다.

七赤方位로 부터의 到來品

七赤이 運行하고 있는 方位로 부터의 到來品은, 祝賀品, 또는 壺類와 같이 "口„가 있는 物品일 것이다. 이것은「七赤을 口로 함」의 象意의 現象이다. 또,「七赤을 不足으로 함」로 數가 不足하거나, 흠이 있을 수도 있다.

八白方位로 부터의 到來品

八白이 運行하고 있는 方位로 부터의 到來品은 野鳥 또는 獸肉, 山芋, 버섯類이다.「八白을 高로 함」으로 裝飾台, 卓子等 발이 있는 것 等이다.

더구나, 이 方位로 부터는 依賴된 物品이 到着되는 수도 있다.

九紫方位로 부터의 到來品

九紫가 運行하고 있는 方位로 부터의 到來品은 書画, 草花盆, 裝飾品類이다.

食料品이면 海苔, 貝類, 乾物, 酒類等이다.

더우기 「膳物品이기는 하지만 저의 집으로서는 不適合함으로 宅에…」하고 되돌려 오는 수도 있지마는 이것은「九紫에 着하지 말고 離하지 말라」의 意가 있기 때문이다.

惡殺氣方位로 부터의 到來品

一白中央坐인 때에 北에서의 到來品.

二黑中央坐인 때에 西南에서의 到來品.

三碧中央坐인 때에 東에서의 到來品.

四綠中央坐인 때에 東南에서의 到來品.

六白中央坐인 때에 西北에서의 到來品.

七赤中央坐인 때의 西에서의 到來品.

八白中央坐인 때에 東北에서의 到來品.

九紫中央坐인 때의 南에서의 到來品.

以上은 惡殺氣 方位로 부터의 到來品이므로 "曰, 附品物„이다. 例를 들면 食料品이면, PCB 또는 포도狀菌이 붙어 있다든가, 그렇지 않으면 받았어도 後日 두고두고 負擔스러운 物品이다.

破의 方位로 부터의 到來品

子日 또는 十二月에 南方位로 부터의 到來品.

丑日 또는 一月에 西南方位로 부터의 到來品.

寅日 또는 二月에 西南方位로 부터의 到來品.

卯日 또는 三月에 西方位로 부터의 到來品.

辰日 또는 四月에 西北方位로 부터의 到來品.

巳日 또는 五月에 西北方位로 부터의 到來品.

午日 또는 六月에 北方位로 부터의 到來品.

未日 또는 七月에 東北方位로 부터의 到來品.

申日 또는 八月에 東北方位로 부터의 到來品.

酉日 또는 九月에 東方位로 부터의 到來品.

戌日 또는 十月에 東南方位로 부터의 到來品.

亥日 또는 十一月에 東南方位로 부터의 到來品.

以上은, 日破(辰) 또는 月破(辰) 方位로 부터의 到來品이므로, 처음 부터 흠이 지어져 있든가 그렇지 않으면 뒤에 부서뜨리게 된다.

緣談方位의 原則判斷

人生에 있어서의 三大行事는 "出生", "結婚", "死亡",이지만, 結婚은 後半生을 支配하는 關鍵이 된다. 그러면 그럴수록,

結婚이란, 그 主人公이 第一章에서 죽어 버리는 場面인 小說이다.

———프랑스의 俗談

惡妻는 六十年의 不作

———日本 俗談

男子의 第一의 好運도 第一의 惡運도 妻의 나름대로다.

———英國 俗談

結婚할려는 者는 後悔의 途上에 있다.

———필레-몽

라고 하는것 처럼 俗談·格言이 옛날부터 數없이 많다. 그러나 이렇게 말하는 것도 結婚以前에 서로 確認을 제대로 못했기 때문이다.

相對를 確認한다고 하녀라도, 近處의 所聞을 듣는다 든가, 同僚나 知人에

東人의 人間性을 들어 보는 程度이지만 이것 조차도 무슨 事緣에서든지 好感을 갖고 있지 않은 사람은 不當하게 나쁘게 말 하든가, 또 關與하고 싶지 않는 사람은 適當하게만 말할 뿐이니 大部分 도움이 되지 않을 것이다.

《氣學》으로 判斷한다면, 相對의 狀態를 잘 判斷할수 있으므로 後日의 옥신각신을 避할수 있다. 이 境遇 緣談이 일어난 年月이 重要하며 年의 方位만으로 라도 判斷할수 있지마는, 月의 方位가 重要한 決定點이 된다.

그런데, 知人의 집이라 든가, 去來處의 會社에서 知面이 되어 그 뒤에 누군가의 입으로 緣談이 일어 났을 때는 初對面인 때의 해(年)는 알고 있지마는 달(月)은 잊어 버리고 있을 때가 많을 것이다. 그럴 때는 年의 方位만으로서 判斷하는 수 밖에는 없다.

結婚方位의 原則判斷

○처음 緣談이 일어났을 때, 相對가 自己의 住居地로 부터 보아서 어느 方位에 있는가를 알고, 그 때에 그 方位에 어떤 九精氣가 돌고 있나를 調査한다.

이것을 判斷할 때에 「당신의 住居地는 어딘가」고 물으면, 故鄕집을 묻는가 하여 시골집을 말 하는수가 많으나 그것을 基準삼아 方位를 取하면 큰 잘못을 일으킨다. 「本人이 三年以上 起居하고 있는 곳은 어딘가」 하고 묻지 않으면 判斷에 錯誤를 일으킨다.

그러면 다음과 같은 例를 든다. 一白中央坐의 年의 12月에 甲地에서 살고 있는 A君이 乙地에 살고 있는 S라는 女性과 저희들 끼리 알고 만나서 同居하고 있었으나, 甲地로 부터 乙地를 보면 年盤은 九紫, 月盤은 六白이다.

1963年 年盤   12月 月盤

-124-

그런데 父親은 銀行支店長으로 在職하였다가 停年이 되어 其後　國家에서 褒章을 받았던 사람이며, S女는 眞珠의 貿易會社에 勤務하고 있다는 것이다. 年盤의 九紫는 名譽, 月盤의 六白은 眞珠로 象意가 잘 나타나고 있으나, 드디어 A君에 無斷으로 살고 있는 집을 低當으로 잡힌것으로 부터　그의 本性이 드러 났으며 年齡까지 九歲를 숨기고 있었던 事實이　脫露되어 結局 헤어지고 말았다.

그러나, 이 S女는 A君과 알게된 해의 봄에 10年 可量 居住하고　있었던 丙地로 부터 乙地에 옷만 입은 체로 옮겨 왔던 것이다. 그러면 甲地와 丙地는 南과 北의 關係로 一白中央坐의 年의 南은 年盤의 五黃, 十二月의　月盤은 二黑月破가 된다.

五黃의 方位는 「無産者・盜心」等의　象意가 있으며, 二黑月破方位는『破産者・失業者』等의　象意가 있고, S女의 實態는 南의 五黃과 二黑月破의　象意 그대로이다.

봄이라고 한것이 틀림 없다면 甲地로 옮겨 九箇月이 經過하고　있으나 이 實例를 보면, 相對의 定住濃度를 調査할 必要가 있다는 것을 알수 있다.

年盤의 九精氣는, 相對의　家庭環境을 나타내고 있다.

月盤의 九精氣는 相對의 狀態를 나타내고 있다.

五黃方位의　緣結은 前記한 例도 있는것 처럼 惡心의 主人公이 아니면 無能者이니 後悔만으로는 감당하기 어려운 일이 된다.

惡殺氣方位와의　緣結은 亦是 災難의 原因이 되지마는 데리고 있는　子息이 있다든가 扶養하지 않으면 안될 父母兄弟가 있다든가, 또는 秘密裡에 情人이 있다든가, 어떻든 이 方位의 緣談은 避하지 않으면 不幸의 原因이　된다.

歲破 또는 月破方位의　緣談은 마침 내는 破綻이 된다.

緣談中인 相對의 方位가 「自身의 吉方位이니 良緣이다」라고는 되지　않는다. 더구나 一白中央坐의 年에 九紫의 女性에 對하여, 東北으로 부터　緣談이 있어 그 年內에 東北의 婚家로 出嫁하였으나 親家에서 同居하게 된다면 틀림 없이 좋은 緣談이나. 그러나 그럴 境遇는 좀처럼 없을 것이다.

一白中央坐의 年에 一白生인 男性에 東北으로 부터의 緣談은 四綠吉方으로 부터의 이야기가 되지마는 相對가 九紫生이면 西南 七赤의 凶方位로 入嫁하게 되므로, 生年 九紫火精氣와 方位의 七赤金精氣와 火→金 相剋作用이 일어나기 때문에, 家庭生活의 圓滑은 어려울 것이다.

또 一白中央坐의 年에 六白生인 男性에 東北四綠으로 부터 緣談이 있다면 四綠은 相剋으로 凶方位이다. 그러나 相對가 二黑生이라면 西南七赤에 入嫁하는 뜻이니 生年 二黑土精氣와 方位의 七赤金精氣의 土→金 親知의 吉方位가 되어 「부지런 하고 浪費를 하지 않는 좋은 며느리가 들어 왔다」라고 하게 되는 理由가 된다.

緣談의 選擇에 對해서는 結婚할 境遇에 當者의 方位를 考慮하여, 良緣과 不緣을 決定해야만 한다. 嫁娶·婿娶·養子라고 받아 들이는 側이 相對의 吉方位로 그것에 向해 移住할 때는 모두 良緣으로 보지마는 凶方位로 向해 移住할때는 不緣이 된다고 본다.

五黃·惡殺氣·歲破·月破方位로 부터의 緣談은 絶對로 拒絶해야만 한다.

「맞선 보기, 約婚, 結婚等이 같은 해에 行할 때는 問題가 되지 않으나 해를 넘겨서 結婚할 境遇에는 結婚하는 해의 方位가 좋지 않으면 안된다. 凶方인 해에 맞선을 보고 吉方인 해에 結婚을 하면 좋지마는, 吉方인 해에 約婚하고 凶方인 해에 結婚하면 엉망이 되어 苦生이 많게 된다. 凶方에 約婚하였을 境遇, 結婚은 吉方이지만 約婚은 凶方의 支配가 多少 남는다. 그러므로 될수 있으면 翌年이 吉方이라면 約婚을 前年의 凶方에 하지 않고 約婚도 翌年으로 돌리는 것이 上策이다. (後略) (『方位寶典』 1972年刊)이라는 것은 ≪氣學≫의 原則을 無視한 이야기이다.

「凶方인 해에 맞선을 보고 吉方인 해에 結婚하면 좋다」든가 「翌年이 吉方이라면 約婚을 前年의 凶方에 하지 않고 約婚도 翌年으로 돌려 할 것이다」든가 하는 것은 全然 意義가 없다.

이것은 「九紫中央坐인 해에 二黑土精氣 또는 五黃土精氣生인 男性에 西

北으로 부터 緣談이 있었던 境遇, 土精氣生인 것에는 一白水精氣 方位는 凶方位이므로, 이 해는 맞선만 하고, 翌年 西北이 九紫方位가 되었을 때 結婚하면 좋다」라고 생각한다.

그러나, 《氣學》에서는 九紫中央坐인 해의 西北에는 모두 一白水精氣가 가득 차서 翌의 八白中央坐인 해의 西北에는 完然히 바뀌어 무엇이 든지 九紫火精氣가 充溢된다. 그러므로 九紫中央坐인 해에 西北方位에 새악씨를 求하면 一白象意의 女性만이 나타난다. 그래서 맞선을 본 一白象意인 女性이 翌年이 되어서 娶妻한들 九紫象意인 女性으로 變心하고 있었다고는 絶對로 있을수 없다.

例를 들면 맞선 본 相對의 身長이 2m나 되기 때문에 「이렇게 "키다리"로서는 困難하다. 今年에는 맞선만 보고 來年에는 吉方이 되니 그때 새악씨로 받아들이겠다」라고 생각하여, 吉方을 기다려도 亦是 2m의 身長에는 變함이 없는것과 같이 몇년이 지나도 처음 現象象意로 始終할 뿐이다.

또 一白水精氣 方位는 二黑·五黃·八白의 土精氣인 사람과 一白水精氣인 사람과 九紫火精氣生인 사람에 凶方位가 되지마는, 三碧·四綠의 木精氣인 사람과, 六白·七赤의 金精氣生인 사람에는 吉方이다. 그러면 木精氣와 金精氣生인 사람이면 一白方位로 부터의 緣談은 「良緣이 되느냐」고 물으면, 對答은 「아니요」이다.

1973年(九紫中央坐인 年)에 1952年生인 아가씨에게 西北方位의 男性으로 부터 緣談이 일어났다. 1952年生이라면 三碧木精氣이니 西北 一白은 吉方位이다.

이 緣談의 吉凶判斷을 要求받았을 때 「一白方位에 있는 相對이니 『一白은 病』이니, 마음이나 몸에 病이 있다는 뜻입니다. 健康狀態는 어떻습니까」

「學生時節부터 運動選手로서 鍛鍊하였으므로 健康에는 自信이 있는것 같읍니다」

「그러면 色情因緣이 깊은 사람이므로 異性關係를 調査하여 보십시요. 年上인 女性과 愛情關係가 있든가 또는 숨긴 子息 있을테니 內査하지 않으면 안되겠어요」라고 注意시켰더니 果然 그와 같았다고 通報하여 왔다.

相生하는 方位로 移住하면 相生의 氣와 融和하기 때문에 吉作用으로 引導되며, 相剋의 方位로 移住하면 相剋의 氣와 融和함으로 凶方作用으로 끌리게 되는 뜻이 되지만, 緣談이나 商談은 귀로 들을 뿐이지 그 方位로 移住하는 뜻은 아니므로 그 方位의 "精氣"와 融合은 되지 않는다.

話題를 받았을 때는 時點으로 "方位精氣"의 種類를 알고, 相對에 나타나고 있는 象意에 依해서 利害得失을 判斷하면 좋으므로「吉方 (相生方位) 이니 "良緣„이다」든가「凶方 (相剋方位)이니 "惡緣„이다」라고는 말 할수 없다. 勿論 五黃殺이나 惡殺氣・歲破・月破方位로 부터의 緣談은 잘못이 틀림 없지만, 其外는 出嫁할 때 吉方位를 擇할것, 새색씨를 本人의 吉方位로 맞이하는 것이 ≪氣學≫의 婚姻要訣이다.

≪氣學≫의 眞髓는

「吉凶悔吝은『動』에서 生한다」

에 있다는 것을 잊어서는 안된다. 이말을 바꾸어 말하면「吉凶悔吝는『不動』으로는 不生」이지마는 確實히 "不動"의 死人에는 吉運도 凶運도 幸福不幸도 생기지 않는다는 뜻이다.

結婚에는 生年의 相性은 보지 않는다.

「一白生과 三碧・四綠生은 水와 木의 相生으로 좋다든가, 一白生과 九紫生은 水火의 다툼이 됨으로 相性이 좋지 못하다」等等 말 하지마는, ≪氣學≫에서는 所謂 九星에 依한 相性判斷은 하지 않는다.

凶方位로 移動하게 되면 性質이 歪曲하기 때문에 누구와도 圓滿하게 되지 않으므로써 夫婦間도 마찬가지이다.

一白方位로 부터의 緣談

이 方位로 부터의 緣談은 相對가 心身에 苦悶이 있다고 본다. 慢性病으로 苦心하고 있는 것이 많다고 보이지만「身体는 매우 健康하다」라고 말한다면, 가난 또는 營業不振으로 苦心하고 있다.

病人도, 가난도 아니라면, 異性關係가 淸算되지 않은 체로 苦悶하고 있다. 또, 그 고장에서의 태어난 土種이 아닌 어딘가 遠方에서 移住해 온 사람이다.

以上의 象意가 나와 있지 않더라도 性質은 陰氣로서 비꼬는 者가 많으므로 옳은 緣談은 있을수 없다.

東의 一白方位는 惡殺氣를 띠고 있으므로 이 方位로 부터의 緣談은 相對가 惡性인 病을 가지고 있거나,또는 惡質인 異性과 情事關係가 繼續하고 있다.

어쨌든 八方位中 어느 것이든지 一白으로 부터의 緣談은 健康問題와 情事關係를 內査할 必要가 있다.

二黑方位로 부터의 緣談

이 方位로 부터의 緣談은,그 地方의 토박이거나 豪農이다. 또는 그다지 現金은 가지고 있지 않지만 많은 不動產의 所有主이다.

二黑方位의 人物은 부지런히 일하는 사람으로서 허리가 나지막 하지마는 그 代身 機轉이 듣지 않으며,融通性도 없다.

体格은 小軀이며 살붙임이 좋은 者가 많고,敎養은 그다지 높지 않지만 매우 庶民的인 交際를 할수 있어 따끔한 相對가 되지는 않는다. 더구나 相對의 母親이나 祖母가 氣分이 좋으면 順調롭게 話題가 通한다.

東北의 二黑方位는 惡殺氣를 띠고 있으므로 이 方位로 부터의 緣談은 相對가,無產者이나, 勞動者 또는 無敎育者로 放任狀態로 제 마음대로 行動하는 者이다. 大學을 卒業한 者라도 일을 시키면 無能하고,職場에서는 미움을 받으며,假令 女大出身의 才媛이라도 二黑을 "無로 함"이니 生活의 知惠가 없으며, 後天八白定位로 惡殺氣를 띠고 있기 때문에 함부로 慾心이 많던가,反對로 있으면 있는대로 써버린 浪費家이다. 어쨌든 惡妻로 子女에는 理解가 없고,母親으로써 資格이 없는 女性이다.

三碧方位로 부터의 緣談

이 方位로 부터의 緣談은 相對가 資產家라면 新興財閥이며,또는 事業을 이제 막 始作했거나,商業을 開業하고 얼마 되지 않는 집안이다. 그 地方에서 祖上代代로 있었다면 分家한지 얼마 되지 않는 집안일 것이다.

相對의 人物은 進取的여서 能力者이다. 그리고 直時에 着手하여 당장에라도 成功할 듯이 말 하시마는 그 내 뺀스로 갑끼대르 그치다. 또 收入이나 利益이 많은 生活인것 처럼 말 하지마는, 誇張이 많으므로 그의말은 半만 들어야 한다.

大學을 卒業하였다고 하면 高卒이라고 생각하고, 大卒首席이라고 하면, 꼴찌라고 생각하면 틀림 없다.

더구나, 이 緣談은 相對쪽이 結婚을 서둘고 있으므로 그들의 長短에 맞추고 보면 後悔스러운 일도 있으니 沈着하게 檢討해야 할 必要가 있다.

東南의 三碧方位는 惡殺氣가 띄어 있으므로, 이 方位에서의 緣談은 相對便이 誠意가 없어 처음 부터 거짓 手作만 일삼으니 結婚詐欺에 걸릴 念慮가 있다.

例 三碧惡殺氣와 孤臭의 새악씨

어느 氣學研究會인 때, 會員의 한사람이

「——친구로 부터, 아들의 緣談의 鑑定을 依賴받았으나, 새악씨의 方位는 東南이니, 中央坐는 四綠인 때였으므로 『이 處女에게는 情人이 있을 것이다』라고 말해 주었더니 그러던 즈음에 内氣여서 温順한 處女인것 같아 『무엇! 全然 맞지 않는다』라 하면서 緣談을 進行할려고 덤벼 들므로, 나는 荒急히 『男子關係가 없더라도 惡殺氣의 方位와의 結婚은 나쁘기 마련이다』라면서 極口反對하였으나 기어이 며누리로 맞아 들였다.

그런데 新婚旅行의 翌日 돌아 와서 『夫婦生活의 持續不能』이라고 아들로 부터 듣고 「過去는 不及이라」면서 끝내 離婚하게 되었다.

이 일은 會員 여러분의 參考가 되겠으나 어떻습니까」라고 되묻는다.

會員 一同은 「——三碧惡殺氣로 부터의 새악씨」라고 하기만 하고 어느 누구도 適切한 回答하는 사람은 없었다. 거기서 내가 「그 處女는 웃자락 섶이 심하였던 것이 아닌가, 그리고 아들쪽은 虛弱한 体質에 神經質이므로 惡臭에 견디지 못했던 것이 分明하다」고 하였더니 眞相은 그대로 였다.

東南은 四綠의 定位로 「四綠을 肢로 함. 냄새로 함」이며 三碧은 「氣있어도 形 없음」이다. 惡殺氣란 나쁜 意味의 附隨物로서 三碧惡殺氣를 病으로 取하면, 惡臭病이라 할수 있다. 또, 相對의 아들은 處女의 집으로 부터 보면 五黃方位가 되므로 五黃을 「無로 함」이니 健康이 「無」가 된다.

그러나, 며누리로 맞아 들일려고 함으로 病人의 判斷은 안되겠지 마는 腺

病質이나 極端的인 알레르기—性 또는 노이로—제인 男性이므로 惡臭를 견디지 못하므로 悲劇으로 끝나게 되었다.

例 三碧惡殺氣方位의 純處女

研究會 會員인 한 사람이

「先生任 나에게 緣談이 있었읍니다만 相對는 財産家의 외동 딸인데, 그 處女를 얻으면 相當한 持參金을 붙여 준답니다. 方位는 東南의 三碧이므로 拒絶해 버렸으나, 그 處女는 男子에게 弄談 한마디 하지 않는 女子이며 戀愛關係도 없으니 純處女가 틀림 없었읍니다.」라고 하기에 나는 제빨리 「벙어리니까 弄談 할수 없겠지」라고 하니 「정말 그렇다 持參金은 탐이 났지만 拒絶하였다」하며 一同이 크게 웃었다.

「三碧을 聲으로 함」으로 聲에 惡殺氣가 붙어 있으므로 "벙어리"라는 判斷이 간다.

四綠方位로 부터의 緣談

이 方位로 부터의 緣談은 相對方은 事業 또는 商業이 順調롭게 進展하고 있는 狀態이며 遠地와의 去來도 活潑하다. 또 職場人의 家庭일 境遇가 많으나, 어쨌든 近傍에서 評이 좋은 家庭이다.

結婚候補者는 男女를 不拘하고 常識이 豊富하며 失手가 없고, 体格도 調和가 取해져 있으며 面貌도 秀麗하고 또 性質은 느긋한 面이 美的으로도 欠點으로도 되겠지.

相對方은 서둘지만 四綠을 "齊"라 하니 맺어질 緣談이지만 좀처럼 이야기가 長期化 할 傾向이 있다.

南의 四綠方位는 惡殺氣가 띠어 있으므로, 이 方位로 부터의 緣談은 멜려야 멜수 없는 態度의 相對이므로 지루한 感이 날것이다. 몸차림이 지나치게 奢侈하여 더욱 不均衡하거나, 家庭을 訪問해 보면 亂雜하여 整理되어 있지 않는 狀態거나, 또는 惱神經에 異常이 있거나 口臭가 强하거나 等이 問題가 되어 結婚하더라도 바람직하지 못하다.

五黃方位로 부터의 緣談

이 方位로 부터이 緣談은 相對方은 오래된 家庭으로서 예날에는 資産이 많았으나 現在는 衰退하여 쓸쓸하게 살고 있는 狀態이다. 뜰도 넓고, 住宅도 크지마는 손질이 제대로 되지 않아, 그야말로 荒廢한 邸宅에 파묻혀 있을 때도 있다. 또 店舖도 커져서 過去의 盛業形勢를 견디어 나갈려 애쓰고 있으나 現在營業은 閑散하여 斜陽狀態를 보이고 있다.

相對는 無能者이거나 病弱者로서 원만하면 失敗하여 至今形便으로는 어떻게 할수 없는 狀態이다. 또 五黃을 "古"라 하니 初婚은 아니다. 女性인 境遇는 初婚이더라도 過去 性經驗이 있어서 숨긴 子息도 있을수 있다. 五黃方位에 있는 人物은, 生年精氣에 關係없이 五黃을 "腐敗"라 하니 腐敗象意가 반드시 어딘가 나타나 있다.

無能(無力의 腐敗)

失敗(成功의 腐敗)

無產(財產의 腐敗)

病弱(健康의 腐敗)

營業不振(繁營의 腐敗)

惡心(良心의 腐敗)

六白方位로 부터의 緣談

이 方位로 부터의 緣談은 相對方은 옛날 士大夫 氏族의 後裔거나, 豪商 出身일 것이다. 또 父親은 名譽職이거나, 上級 公職者 또는 有名한 大商人으로 營業狀態도 隆盛하고 있다.

相對의 人物은 最高學部 出身이거나, 至極히 頭惱가 名暫하지만 에리트意識이 强하기 때문 苦干해서 接触하기 어려운 사람일 것이다. 特히 新婦候補者는 氣品이 當當하고 豪華趣味가 있기 때문에 庶民層 家庭에 適合하지 않을지 모르겠다.

北의 六白方位는 惡殺氣를 띄고 있음으로, 돈 쓰기가 거칠고 他人에게 奢侈스러움을 자랑하고 싶어 하며, 賭賻으로는 언제나 損害를 보면서도 斷念을 못한다. 또 年上의 異性과 情事關係가 있든가, 或은 精神에 異常이 있다.

例 六白惡殺氣方位와 鐵道自殺

어느때 鑑定을 하러온 손님이 이야기를 하다가 보니

「나의 친구中에서 데릴 사위로 들어온 男子가 요즈음 甚한 煩悶하고 있으니 어떻게 된 것인지요」라고 하기에 緣談方位와 年月을 들어 보니, 一白中央坐의 해의 北方이 婚家이다. 거기서 「婚家의 處女는 實子인가, 養女인지요」라고 물었더니 「養女입니다」라고 하였다. 「그것은 問題가 됩니다. 당신의 친구는 妻와 養父의 不倫關係를 알고 苦悶하고 있을 것입니다. 苦悶과 苦悶하였던 結果는 鐵道自殺을 하게 될테니, 빨리 離婚시켜서 吉方으로 移居시키십시요」라고 勸하였다.

相對는 半信半疑를 품고 돌아 갔으나 一~二箇月後에 다시 찾아 왔을 때 一通의 便紙를 내밀면서,

「日前에 이야기 했던 친구는 先生의 判定대로 結局 鐵道自殺을 하였읍니다. 이것이 그의 遺書로서 苦悶하였던 內容이 샅샅이 쓰여져 있읍니다」라고 하였다.

一白이 中央坐이면, 六白은 色情定位의 北方에서 惡殺氣를 띤다. 「六白을 老父로 함」으로 이 때의 緣談에는 往往 이런 例를 보게 된다.

七赤方位로 부터의 緣談

이 方位로 부터의 緣談은 一流級 家庭으로서 不動産 보다 現金을 가지고 있다고 본다.

相對의 候補者는 男女 어느쪽이 든지 집안에 들어박히는 性質로서 가느다락하게 키가 큰 体格이다. 男性이면 鬪志를 느끼지 않기 때문에, 믿음직스럽지 못한 印象을 받게으나, 年上의 女性으로 부터 사랑을 받게 될것이다. 出嫁할 條件의 緣談으로서는 不足感이 있겠으나 사윗감으로서는 適材가 아닐지 모르겠다.

新婦候補인 境遇는 매우 愛嬌가 있어 人情스러운 型이며, 몸집이 적어 家庭的인 女性이다.

西北의 七赤方位는 惡殺氣를 띠고 있음으로 事業으로 失敗하였거나, 또는 負債로 시달림을 받고 있는 狀態이다. 男性은 돈 쓰기가 거칠며, 女性은 非處女로 經濟觀念이 없다.

八白方位로 부터의 緣談

이 方位로 부터의 緣談은, 現金 또는 山林이나 家屋을 相當히 所有하는 집안이다.

相對의 候補者는 키는 크고, 肉体가 좋으며, 相續人이 많을 것이다. 그렇지 않으면 一家를 復興시킬수 있는 實力을 지니고 있다. 또, 해야 할 일에 經驗知識이 豊富하며 貯蓄心이 强한 사람이다.

新婦候補者도 알맞은 키에 다부진 体格인 것이 많으며 매우 살림 꾸리기가 알뜰하여 貯蓄을 좋아 하니 남으로 부터는 "째째"하다는 말을 듣는다.

西南의 八白方位는 惡殺氣를 띠고 있으므로, 相對方은 資産家였다는 姿勢로 뽐내지 마는 現在는 住宅마져도 低當되어 있든가, 家系 또는 家族에 問題가 있다.

九紫方位로 부터의 緣談

이 方位로 부터의 緣談의 相對方은 地方의 有志 또는 名譽職에 있든가, 敎育者의 家庭人이다. 그래서 前後하여 두個의 緣談이 일어나고 있으나 뒤에 일어난 緣談이 決定된다.

候補者가 男性일 때는 밝은 느낌을 주는 人物로서 學識과 才能이 뛰어나고 있으나 新婦候補인 때는 눈이 魅力的인 華麗한 感을 주는 美人이다.

더우기 九紫方位로 부터의 緣談은 相對가 再婚인 境遇도 있다.

西의 九紫方位는 惡殺氣를 띠고 있음으로 相對는 우쭐거리는 虛榮心이 强한 사람 또는 變態的인 思考方式者거나 神經質的인 사람이다.

九　精　象　意

一白水精氣

○十干은『壬 · 癸』
○十二支는『子』
○五行은『水』
○季節은『十二月』
○時間은『二三時～一時』
○味覺은『鹹』
○數象은『一 · 六』
○易象은『▦ (坎)』
○先天定位는『西方三〇度』
○後天定位는『北方三〇度』

象　意　總　說

中男 / 黑白 / 交際 / 陷井 / 暗 / 苦生 / 苦惱 / 結束 / 穴 / 裏 / 奸智 / 奸策 / 秘策 / 萬引 / 行方不明 / 潛在 / 隱匿 / 嫌疑 / 困難 / 窮極 / 恐慌 / 愁眉 / 落胆 / 敗北 / 끌어들임 / 失戀 / 約束 / 沈沒 / 沈毁 / 沒收 / 立消 / 怨恨 / 背反 / 顚覆 / 沈着 / 伸縮 / 浸犯 / 梁 / 漬 / 塗 / 流 / 違 / 不取締 / 練達 / 情誼 / 愛憐 / 感淚 / 失物 / 落 / 下 / 垂 / 差 / 突 / 縫 / 消 / 思索 / 夢 / 妊娠 / 坤 / 引 / 勉 / 撓 / 粘 / 減俸 / 調印 / 捺印 / 拇印 / 血判 / 保證 / 指紋 / 文字를 쓰다 / 떡을 치다 / 깨를 갈다 / 醬을 담다 / 刺 / 허리를 다치다 / 무릎을 다치다 / 엉덩이를 다치다 / 鏡을 달다 / 蹴 / 足跡 / 水路를 잇다 / 실을 잇다 / 옷고름을 매다 / 허리띠를 매다 / 구두끈을 매다 / 結跏趺坐 / 팔을 끼다 / 물건을 끼우다 / 摘 / 緣談成立 / 情交 / 私通 / 手品 / 魔術 / 忍術 / 拔出 / 속이다 / 掏摸 / 揉込 / 졸다 / 잔다 / 墓石을 세우다. / 石碑를 세우다 / 復緣 / 再緣 / 復職 / 再生 / 蘇生 / 復活 / 謝過 / 物見을 거꾸로 달다 / 아래로 늘이다 / 꺼꾸로 늘이다 / 逆行 / 물이 땅속으로 스며드는 狀態 / 叛逆行爲 / 入浴 / 水浴 / 水泳 / 水行 / 冷水摩擦 / 金冷法 / 濕布 / 投身自殺 / 水葬 / 泣顔 / 我意傲慢 / 맥이 풀리다 / 放慢 / 我慢 / 反對 / 合掌 / 礼拜 / 젖을 짜다 / 새를 찌르다 / 邪推 / 疑心 / 油斷 / 壓世 / 色情 / 孕胎 / 握手 / 寫字를 한다 / 人形을 만들다 / 春画를 그리다 / 僞

物을 그리다 / 化粧室 엿보기 / 揚浴 엿보기 / 擧動不審한 態度 / 相談 / 夜業 / 夜學 / 膝折 / 腰曲 / 物規目的을 일으켜 苦心스럽게 計劃하는것 / 暗中 飛躍 / 基礎工事 / 密會 / 監禁 / 賭博 / 잠버릇 / 掠取 / 漏依 / 氣拔인 狀態 / 구멍을 뚫른 일 / 漏問安 / 葬徵오르다 / 꿀꺽이다 / 엎어지다 / 돌아 보다 / 기침을 하다 / 쌀을 갈다 / 洗顔 / 洗濯 / 洗張 / 바느질 / 夜警 / 달아나는 意志 / 달아나 온다 / 植木 / 育苗 / 坤木 / 不隱삐라를 뿌리다 / 行方을 헤맨다 / 絶望 / 忍耐 / 暗室에 들어가다 / 물속에 들어 가다 / 追躍 / 尾行 / 潛行 / 夜間逃走 / 夜行 / 생각에 잠기다 / 낚시질 하다 / 옆눈으로 보다 / 寒冷 / 冷氣 / 消火 / 灯불을 끄다 / 秘密이야기 / 秘密計劃 / 事事件件反對 / 反感의 象 / 뒷處理의 不徹底한 象

天　象

寒冷 / 寒氣 / 冷氣 / 雨 / 雪 / 霜 / 霧 / 雲 / 靄 / 白雲 / 黑雲 / 水氣 / 水蒸氣 / 寒天 / 月輪 / 寒月 / 十三夜月 / 十五夜月 / 初生月 / 滿汐作用 / 干汐作用 / 深夜 / 闇夜 / 水泡 / 水煙 / 水玉 / 破紋 / 月光 / 星光 / 露光 / 水力 / 水壓 / 水勢 / 海水 / 霖雨 / 滋雨 / 大雨氾濫 / 水害 / 豪雨

場　所 · 建　物

裏門 / 裏口 / 寢台 / 寢室 / 湯屋 / 浴槽 / 水洗場 / 洗面場 / 化粧室 / 天井 / 마루 밑 / 柱 / 椽 / 梁 / 下水溝 / 家具의 裏側 / 池 / 우물 또는 묻은 우물이 있는 집 / 營業이 閑散한 店鋪 / 空家 / 잠자고 있는 사람이 있는 집 / 病院 / 痴和싸움이 한창인 집 / 화살을 당기는 場所 / 消防署 / 水道局 / 水族館 / 石油 重油 揮發油等의 會社 / 도르코 浴湯 / 사우나湯 / 賣春宿 / 海水浴場 / 漁場 / 留置場 / 刑務所 / 土牢 / 우물 / 洞穴 / 穴藏 / 落穴 / 隙間 / 節穴 / 穴中 / 海中 / 무덤 / 神壇 / 물건을 묻는 곳 / 瀧口 / 瀧壷 / 崖地 / 險한 곳 / 人跡이 없는 쓸쓸한 곳 / 湿地 / 畓 / 水源地 / 温泉地 / 田 / 河川 / 溝 / 掘 / 窪地 / 背後 / 北極 / 天子의 坐台 / 深處 / 暗處 / 寒處 / 寂處 / 물건의 裏側 / 물건의 最下部 / 下敷 / 故鄕 / 實家 / 本籍地 / 親家 / 本家 / 本宅 / 下部 / 撞球

事　物

帶 / 紐 / 袴 / 袈裟 / 褓襻 / 도포 끈 / 黑白의 幕 / 雜布 / 布巾 / 手中 褌 / 기저귀 / 縮緬 · 縮 · 絞織物 / 접에게 물건 / 捕繩 / 白漏 / 串 / 臼 / 杵 / 櫃 / 錐

-136-

鑪 / 槍 / 心棒 / 지렛대 / 竹 / 木 / 角箸 / 針 / 針差 / 劒山 / 釣道具 / 錯 / 톱니
바퀴 / 단추 / 타프機 / 印刷機 / 筆 / 펜 / 잉크 / 黑 / 고무 / 弓 / 물주게 / 消
火壷 / 染料(뺑끼·골탈—·漆·리스等의 液体染料 一切) / 石油 / 重酒 / 揮
發油 / 調合酒 / 人形 / 로보트 / 死人 / 幽靈 / 物影 / 日蔭 / 影繪 / 스라이드 /
祖上의 墓標 / 位牌 / 佛像 / 鎭守神 / 北斗七星 / 北極星 / 鱗形 / 洋燭(燭는
九紫) / 核心 / 粘液

人　事

僧侶 / 尼僧 / 哲學者 / 著述家 / 書家 / 文士 / 外交員 / 彫刻家 / 表具師 / 뺑
끼塗師 / 漆塗師 / 染物鋪 / 洗濯店 / 沐浴湯 / 牛浮店 / 魚物店 / 漁夫 / 家庭婦
/ 夜警人 / 裸体 / 默坐人 / 病人 / 사마귀나 혹이 있는 사람 / 肖人 / 애꾸눈
인 사람 / 侏儒 / 溺死人 / 墮胎兒 / 妊婦 / 賣春婦 / 色情狂 / 掏摸 / 盜賊 / 빈
집 털기 / 逃亡者 / 問諜 / 因人 / 歇落인

飮　食

榮養素 / 脂肪分 / 滋味 / 味元 / 魚肉 / 鱠 / 醬油 / 塩漬物類 / 塩辛類 / 吸物
/ 汁類 / 冷水 / 淸酒 / 洋酒 / 飮料水 / 사이다 / 소—다水 / 飴類 / 塩味
　(自身의 生年精가 一白과 同會한 月日에는 上記物品을 얻는다).

生　理

腎臟 / 脊隨 / 背 / 陰部 / 子宮 / 膀胱 / 睾丸 / 卵巢 / 尿道 / 精液 / 尻尾 / 鼻
梁 / 鼻孔 / 耳孔 / 顎 / 痣 / 瘢痕 / 鮈腹 / 淚線 / 淚痕 / 眼球 / 瞳 / 臍帶 / 冷症 /
血撈 / 腎虛

動　物

여우 / 海獺 / 土獵 / 貂 / 獺 / 豚 / 白態 / 蝙蝠 / 烏 / 佛法僧鳥 / 梟 / 生鮪類
/ 烏賊 / 鮪 / 해파리 / 魚類의 卵 / 鯤 / 올챙이 / 蟲 / 지렁이 / 蛹 / 螢 / 虫類의
의 卵 / 밤에 나타나는 動物

植　物

柊 / 枳 / 檜 / 寒椿 / 寒玉梅 / 冬至梅 / 藤花 / 데루어져 피는 꽃類 / 水仙花
/ 福壽草 / 물고사리 / 蘭 / 蓮꽃 / 水草類 / 藻 / 浮草類 / 苗木類 / 樹木類 / 草
根 / 蓮根 / 白菜 / 白葱 / 白三葉 / 무우 / 땅두릅 / 無花果나무 / 쇠기나물 /
核心이나 가시가 있는 植物

○十二支는『未·申』

○五行은『土·湿』

○季節은『七月~八月』

○時間은『十三時~十五時(未刻) 十五時~十七刻(申刻)』

○色彩는『黃·黑』

○黑味覺은『甘』

○數象은『五·十』

○易象은『☷ (坤)』

○先天定位는『北方三○度』

○後天定位는『西南方六○度』

象 意 總 說

母 / 老婆 / 主婦 / 大地 / 迷 / 躊躇 / 鈍重 / 不決斷 / 依賴心 / 氣苦勞 / 物思 / 心勞 / 安靜 / 温厚 / 恭遊 / 貞節 / 儉約 / 謙讓 / 忠實 / 柔順 / 復從 / 順應 / 받는다 / 求한다 / 頑固 / 愼重 / 致役 / 勤勉 / 努力 / 勞動 / 忍耐 / 蓄積 / 貯藏 / 養育 / 培養 / 飼育 / 注意 깊다 / 用意周到 / 數 많음 / 柔和 / 手配中 / 準備 中 / 相談中 / 協議中 / 考慮中 / 弛緩 / 油斷 / 心中複雜 / 事物研究 / 技藝 / 採 集 / 蒐集 / 開懇.

天 象

曇天 / 無風으로 고요한 晴日

(二黑中央坐인 해에는 南方에 六白精氣가 運行하고 있음으로 後天定位의 九紫 火精氣에 相反作用이 일어나 爆發 또는 大雷雨가 있는 해도 있다.

場 所·建 物

地球(二黑土精氣의 易象은 坤으로서 即, 大地이다. 그런 故로 地球全体 를 二黑土精氣로 본다.)

平地 / 들판 / 公園地 / 球場 / 城址 / 山中턱 논 밭 / 農村 / 埋立地 / 農家 / 生胎地(故鄉·本籍地·墓地는 先天定位의 北方坤土의 理) / 平家 / 母家 / 寢 所 / 집안 구석구석 / 다락 / 壁 / 壁藏 / 어두운 場所 / 炉 / 作業場 / 庫房 / 工

場 / 전당포 / 米倉 / 雜穀倉 / 器具 또는 家具倉庫 / 洋灰 / 石灰 / 貝灰倉庫 / 博物舘 / 씨름場所 / 土窟 / 土牢 / 貧民窟 / 産業組合 / 米穀去來所

事 物

木綿織物一式 / 下等織物一式 / 中古洋服類一切 / 寢衣 / 股着 / 袷 또는 木綿의 배 가리게 / 木綿방석 / 敷物類一切 / 碁盤 / 將棋盤 / 盆 / 會席膳 / 重箱 / 俎 / 米櫃 / 쓰레기筒 / 火爐 / 灰 / 木炭 / 土地 / 土砂 / 石灰 / 洋灰 / 粘土 / 焦土 / 壁土 / 기와 / 벽돌 / 土管 / 陶滋器 / 흙으로 만든 물건 一切 / 埋木 / 盆栽 / 骨董品 / 叺 / 枕木 / 古木材 / 四角인 물건 / 平面인 물건 / 黑色인 물건 / 無地인 물건 / 更沙模樣.

人 物

皇后 / 妃 / 女官 / 婦人 / 母 / 妻 / 老婆 / 任 / 副社長 / 副長 / 副官 / 次席 / 助役 / 民衆 / 群象 / 團体 / 씨름 / 雜役夫 / 電信工 / 迷兒 / 未開地方人 / 農夫 / 土木建築請員業者 및 그에 從事하는 者 / 土木技士 / 貧困者 / 無知者 / 下等人物 / 劣等人 / 職工 / 勞動者 / 미장工 / 製粉業者 / 雜貨商人 / 古衣商人 / 陶滋器商人 / 土砂・土管・洋灰 / 石灰商人 / 五百羅漢

飮 食

玄米 / 白米 / 大麥 / 小麥 / 大豆 / 小豆 / 栗 / 수수 / 매밀粉 / 麩 / 米麴 / 煮豆 / 따린 엿 / 餠類 / 飯 / 모든 飯類 / 주먹밥 / 국수 / 찌게 / 오뎅 / 찐 豆腐 / 羊肉 / 豚 / 蒲鉾 / 生鮮다짐 / 燒麩 / 芋類 / 甘藷 / 고구마 / 토란

生 理

脾臟 / 腹部 / 腸 / 右手 / 臍 / 胃潰瘍 / 胃癌 / 腹膜 / 泄瀉 / 食慾不振 / 消化不良 / 溜飮 / 便秘 / 黃疸 / 胃下垂 / 胃擴張 / 胃經掌 / 嘔吐 / 胃酸過多 / 어깨쑤심 / 不眠症 / 제체기 / 皮膚病 / 여드름 / 죽은깨 / 땀띠

動 物

牝馬 / 牝牛 / 山羊 / 猿 / 狒狒 / 까마귀 (검기때문) / 駝鳥 / 두견새 / 土蜘蛛 / 개미

植　物
樹幹 / 黑柿 / 苔 / 蕨 / 夏菜

三　碧　木　精　氣
○ 十幹은 『甲・乙』
○ 十二支는 『卯』
○ 五行은 『木』『暖』
○ 季節은 『三月』
○ 時間은 『五時～七時』(卯)』
○ 色彩는 『靑・碧』
○ 味覺은 『酸』
○ 數象은 『三・八』
○ 易象은 『☳ (震)』
○ 先天定位는 『東北方六〇度』
○ 後天定位는 『東方 三〇度』

象　意　總　説
長男 / 젊은 이 / 發芽 / 春 / 靑 / 震 / 雷 / 音 / 進 / 昇 / 聲 / 聲 있어서　形없음 / 講演 / 説敎 / 言譯 / 應答 / 進言 / 傳言 / 傳達 / 通知 / 電報 / 呼出 / 訊問 / 質問 / 討議 / 談判 / 懸合 / 爭論 / 激論 / 叱咤 / 싸움 / 欺瞞 / 虛構 / 詐欺 / 脅迫 / 脅喝 / 弄談 / 輕率 / 短氣 / 感情 / 덤벙댄다 / 動 揺 / 起 / 跳起 / 跳上 / 銃聲 / 砲聲 / 爆發 / 爆擊 / 驚 / 悲鳴 / 喘 / 悲歎 / 哀話 / 재체기 / 딸국질 / 呻吟 / 吐息 / 吹音 / 기침 / 舌打 / 怒氣 / 疳癪 / 憤怒 / 怒語 / 叱責 / 語 / 申述 / 拍手喝采 / 휘파람 / 音聲 / 音響 / 樂器소리 / ·鳥聲 / 吼 / 失言 / 火災 / 漏電 / 感電 / 讀經 / 對話 / 説明 / 라디오聽取

天　　象
雷雨 / 俄雨 / 大降雹 / 落雷 / 雷鳴 / 번개 / 地震 / 噴火 / 爆發 / 旋風 / 海溢 / 東風.

中央氣象台의 統計에 依하면 國内의 落雷는 年平均 三〇三回라 한다. 震을 雷로 함으로 即 三碧數의 三・八을 말하고 있음은 注目할만　하다고 하겠다.

場 所 · 建 物

戰地 / 震源地 / 火藥庫 / 射擊場 / 森林 / 生垣 / 街路樹 / 들관 / 봄의 庭園 / 봄의 田畓 / 江口 / 靑果市場 / 樹木賣場 / 發電所 / 電話局 / 演奏會會場 / 講演席 / 大門

事 物

피아노 / 올겐 / 나팔 / 레코-드 / 演奏器 / 鍾 / 木魚 / 指揮棒 / 齒솔 / 바이올린 / 太鼓 / 세발 북 / 音에 因緣되는 一切 / 聽診器 / 爆發音 / 라디오

人 事

長男 / 靑年 / 電氣治療士 / 電信技術 / 電話局員 / 電話賣買業 / 無線電信員 / 放送局員 / 아나운서 / 事實을 說明하는 사람 / 詐欺꾼 / 傳言者 / 虛風쟁이 / 事物을 依賴하는 사람(紹介業 · 代書業) / 건방치는 사람 / 야바우 꾼 / 밴드 / 慢談家 / 歌手 / 音聲으로 生活하는 사람 / 植木商 / 靑果物商 / 海産物産 / 초밥食堂 / 庭園師 / 啞者 / 進步的인 思想의 所有者

飮 食

픗菜 / 野菜類 / 海草類 / 柑橘類 / 茶 / 酢物類 / 酸味

生 理

肝臟 / 足 / 百日咳 / 喘息 / 神經質 / 關節炎 / 神經痛 / 癪氣 / 小兒癎 / 脚氣 / 脛臁의 負傷 / 打膊

動 物

鶯 / 雲崔 / 目白 / 모든 小鳥類 / 병아리 / 벌 / 방울벌레 / 蜻蜓 / 蚖 / 매미 / 蜩 / 여치 / 개구리 / 百足虫 / 토끼 / 龍

植 物

盆栽 / 植木 / 野菜 / 海草 / 密柑 / 茶 / 藥草

四 綠 木 精 氣

○十二支는 「辰 · 巳」
○五行은 「木 · 暖」

○季節은『四月～五月』
○時間은『七時～九時(辰刻) 九時～十一時(巳刻)』
○色彩는『靑色·綠色』
○味覺은『酸』
○數象은『三·八』
○易象은『☰☰ (巽)』
○先天定位는『西南方 六○度』
○後天定位는『東南方 六○度』

象 意 總 說

長女 / 風 / 長女 / 齊 / 整理 / 遠方 / 評判 / 部下 / 雇人 / 信用 / 緣談 / 精神
/ 旅行 / 通勤 / 奉仕 / 心의 往來 / 物品의 往來 / 行의 意 / 歸의 意 / 通知 /
報告 / 宣傳 / 交涉 / 엇갈림 / 생각差異 / 誤解 / 迷心 / 運搬 / 旅行準備 / 行先
地에서 되돌아온 곳 / 出發하는 곳 / 事物을 整理하고 있음.

天 象

四季의 風을 管掌한다. (四綠中官日 或은 時間에는 晴雨를 不拘하고 바
람이 일어난다.

場 所·建 物

玄關 / 道路 / 軌道 / 材木荷置場 / 鳥類商店 / 布木商 / 飛行場 / 出入口

事 物

帶類 / 紐類 / 繩類 / 建具一式 / 電信電話線 / 針 / 鐵糸 / 電柱 / 木材 / 木馬
/ 木刀 / 流動円木 / 棟木 / 梁 / 屏風 / 설합 / 스릿퍼 / 扇風機 / 풀 솔 / 성냥
/ 부채 살 / 부채 / 風船 / 輕氣球 / 飛行機 / 風 / 煙 / 羽 / 毛髮 / 香具一式/線
香 / 便紙 / 葉書

人 事

長女 / 美容師 / 木手 / 建具商 / 木樵 / 材木商 / 旅行人 / 行商人 / 綿糸商 /
紡織業者 및 從業員 / 運送業 / 물건을 傳達하는 사람 / 길을 잃고 紡徨하는
사람 / 집안 사람 / 郵便配達夫 / 仲介人 / 交通部長官 / 飛行士 / 營業人 / 紙

物商 / 연 날리는 사람 / 묶인 사람 / 국수製造및 食堂業 / 廣告業者 / C·M業
/ 小鳥類商

飮　　食

麵類一切 / 芋 / 무우의 纖維質 / 肉類製品 / 酸味

生　　理

腸 / 左手 / 太股 / 頭髮 / 氣管 / 食道 / 動脈 / 神經 / 筋 / 腋臭 / 屁 / 呼吸器.

動　　物

뱀 및 모든 長虫類 / 나비 / 蜻蛉 / 鳥類.

植　　物

나뭇잎 / 枯草 / 참외 / 葭 / 木賊 / 松 / 杉 / 百合 / 粟 / 茶 / 薔薇 / 香草香木
類 / 정구지 / 마늘 / 菖蒲 / 蔓 / 나팔꽃 / 박꽃 / 수세미 / 호박 / 포도덩굴 / 蘿
芝類.

五 黃 土 精 氣

○十干은 『戊·己』
○五行은 『土』『濕』
○季節은 『四季의 土用』
○色彩는 『黃』
○味覺은 『甘·饐』
○數象은 『五·十』
○易象은 『☷ (坤)』
○後天定位는 『中央坐』

象 意 總 說

無 / 古 / 黃 / 反逆 / 殺害 / 慘瘡 / 殘忍 / 殺意 / 强奪 / 强慾 / 廢物 / 醜聞 /
澁滯 / 腐蝕 / 絶望 / 破產 / 失業 / 失職 / 脅迫 / 暴行 / 僞造行爲 / 暗殺行爲 /
慘殺行爲 / 葬儀式 / 寄生蟲態度 / 無理心中 / 營業閑散 및 失敗 / 名譽毁損 /
金融途絶 / 萬事停滯 / 生物의 死 / 植物의 枯死 / 家屋 및 物品 食物의 腐敗

破損 / 死病 / 過去問題再起 / 宿病再發 / 交涉의 不妥結 / 옛 親舊로 因한 散
財 / 廢品이나 不用品의 整理中 / 쓰레기 處理.

天　　象

잔뜩 흐림 / 天候의 變化 / 大旱害.

場 所·建 物

쓰레기 處理場 / 쓰레기筒 / 火災지국 / 火葬場 / 墓場 / 死刑場 / 어두운 곳
/ 추잡한 곳 / 屠殺場 / 殘忍行爲를 行했던 場所 / 陰沈한 곳 / 未開地 / 荒野
/ 荒地.

事　　物

부서진 물건 / 썩은 것 / 荒廢한 家屋 / 無僧인 寺院 / 헌옷 / 古道具 / 襤褸
/ 不用品 / 廢物 / 家傳의 寶物 / 遺書 / 賣殘品 / 疵物 / 비뜰어진 물건 / 녹쓴
물건 / 其他 모든 無用品類.

人　　事

老人 / 元老 / 先達 / 總理(以上은 古의 意味) / 惡漢 / 暴力團 / 橫領人 / 强
盜 / 窃盜 / 殺人犯 / 死刑囚 / 自殺者 / 慘死者 / 變死者 / 屠殺場의 사람 / 野蛮
人 / 建物倒壞業 / 古物商 / 下水溝淸掃人 / 쓰레기收去人 / 糞尿收去人 / 肥料
商 / 無爲徒食 / 귀찮은 存在 / 不具者 / 邪魔者 / 出嫁女 되돌림 / 失敗者 / 건
달꾼 / 高利貸 / 宿所 없는 乞人.

飮　　食

香氣도 味覺도 없는 飮食 / 糖分도 滋養分도 없는 飮食 / 古物 / 臭氣 뿜는
飮食 / 賣殘物 / 食殘品 / 콩醬 / 甘味一切 / 된醬.

生　　理

大腸 / 便秘 / 泄瀉 / 장티브스 / 流産 / 胃癌 / 子宮癌(腹部發生病一切) / 五
黃方位를 犯한 病은 下腹部에 發生하여 高熱을 낸다.또 五黃은 毒素이므로
体内에 潛在하여 作用할 때는 外部에 腫物, 汚點이나 痣가 되어 나타나며,
内部에 있어서는 凝가 生하거나, 新陳代射를 防害한다.

動　物

빈대 / 油虫 / 蚤 / 虱 / 파리 / 모기 / 毛虫 / 他人에 害를 끼치는 害虫一切 / 蟷螂(蟷螂은 암놈이 숫놈을 잡아 먹는것 처럼 殘忍性이 있으므로 五黃에 配置된다) 어느날 復道에 이 벌레가 있는 것을 보고 五黃의 事件이 일어날 것인가, 五黃生인 사람이 來訪할 것인가를 생각하고 있었더니 一時間程度에 五黃生인 婦人이 찾아 온 일이 있었다. 이것은 梅花心易의 應用이다.

植　物

毒草類 一切

六 白 金 精 氣

○十二支는 『戌・亥』
○五行은 『金』『冷』
○季節은 『十月~十一月』
○時間은 『一九時~二一時(戌刻) 二一時~二三時(亥刻)』
○色彩는 『白』
○味覺은 『辛』
○數象은 『四・九』
○易象은 『☰ (乾)』
○先天定位는 『南方三〇度』
○後天定位는 『西北方六〇度』

象 意 總 說

天 / 父 / 白 / 充實 / 完全 / 太陽 / 上等 / 高級品 / 健全 / 動不止 / 施行 / 戰爭 / 强硬 / 堅固 / 特許權 / 圓 / 車 / 多忙 / 寄附 / 보살핌 / 供養 / 自動車손질 / 時計取扱 / 首惱部의 協議 / 銳進.

天　象

晴天 / 天空 / 暴風雨 / 旋風 / 降雹 / 霜害.

　一般的으로 六白方位로 向해 旅行等을 할때 行先地는 晴天하다고 보아도 거의 틀림 없을 것이다.

場 所 · 建 物

宮闕 / 佛閣 / 敎會堂 / 鍾樓 / 樓閣 / 國會議事堂 / 自衛隊 / 삘딩 / 證券去來所 / 運動車 / 武器庫 / 兵營 / 市場 / 博覽會會場 / 競技場 / 野球場 / 集會場 / 博物舘 / 散策地 / 劇場 / 都市 / 繁華街 / 海洋 / 山중턱 / 高級住宅街 / 名所遺跡 / 陵墓地 / 山岳 / 金庫 / 둘러쌈.

事 物

珊瑚 / 瑪瑙 / 瑠璃 / 眞珠 / 金剛石 / 金 / 銀鑛石 / 銷子 / 刃 / 彈丸 / 球 / 時計 / 指環 / 簑笠 / 마스크 / 外奪 / 帽子 / 冠 / 圓物 / 투구 / 鏡 / 籠 / 汽車 / 電車 / 自動車 / 自轉車 / 機械齒車 / 水車 / 蓋 / 보자기 / 包 / 두루마기 / 頭巾 / 傘 / 蚊帳 / 장갑 / 양말 / 大砲 / 小銃 / 機關銃 / 통조림 / 燐酸 / 칼숨 / 마그네슘 / 鐵分含有物 / 硝酸 / 塩酸 / 印章 / 通貨.

人 事

王 / 聖人 / 賢人 / 貴人 / 貴族 / 軍人 / 各長官 / 社長 / 團長 / 頭目 / 主人 / 資本家 / 父 / 僧侶 / 指導者 / 守衛 / 易者 / 外國人 / 覆而人 / 强慾人 / 嬰兒 / 辯護士 / 投資家 / 技術者 / 콤퓨터業 / 自動車業 / 機械業 / 寶石商.

飮 食

참외 / 수박 / 梨 / 栗 / 密柑 / 沙果 / 바나나 / 其他 모든 果物 / 氷 / 아이스크림 / 氷砂糖 / 餅 / 만두 / 카스테라 / 生果子 / 鰹節 / 조개 / 乾魚物 / 땅콩 / 멘쯔라 / 초밥 / 高級飮食物 / 辛味.

生 理

頭 / 肋骨 / 肋膜 / 血壓作用 / 瞳物 / 땀 / 發熱 / 天然痘 / 骨.

動 物

龍 / 大蛇 / 象 / 獅子 / 鶴 / 熊 / 鳳凰 / 牡馬 / 犬 / 뱀 또는 벌레의 脫穀 / 鯉.

植 物

藥草 / 橙 / 柘榴 / 神木 果樹.

七 赤 金 精 氣

○十干은 『庚·辛』
○十二支는 『酉』
○五行은 『金』『冷』
○季節은 『九月』
○時間은 『一七時～一九時(酉刻)』
○色彩는 『白·赤』
○味覺은 『辛·甘』
○數象은 『四·九』
○易象은 『☱(兌)』
○先天定位는 『東南方六○度』
○後天定位는 『西方三○度』

象 意 總 説

少女 / 澤 / 秋 / 喜悦 / 金錢 / 酒食 / 金談 / 口論 / 甘言 / 笑 / 祝典 / 不足 / 祝賀金 / 結婚式 / 不充分 / 不注意 / 缺陷 / 失手 / 收集 / 交換 / 舖裝工事 / 天井修理 / 造作工事 / 숨은 場所 / 内部修理 / 婦女에 놀림감 / 嬉嬉하고 웃음 / 비꼬는 言動 / 甚한 固熱 / 遊興中 / 接吻 / 散財 하면서도 즐겨함 / 女子를 爲해서는 自進하여 浪費함 / 食事中 / 過食으로 몸을 害침 / 陰氣스러운 場所 / 間막이 집.

天 象

西風 / 暴風雨 / 降雨 / 變更하기 쉬운 日氣 / 新月.

場所·建物

澤 / 窪地 / 沼 / 低地 / 溝 / 掘穴 / 山沙汰 / 塹壕 / 돌담 / 淵 / 물 고임 / 溜池 / 堀川 / 川端 / 얕은 바다 / 우물 / 養鷄場 / 遊廓 / 花柳界 / 캬바레— / 喫茶店 / 甘酒屋 / 飲食店 / 貯藏庫 / 造船所 / 트인 길.

事 物

金物 / 刃物 / 날이 빠진 刀劍 / 上部에 凹이 있는 물건 / 頭部가 없는 물건

/끝이 없는 물건 / 破損 / 修理한 물건 / 樂器 / 釣鐘 / 半鐘 / 鈴 / 借金.

人　　事

少女 / 歌手 / 接待婦 / 호스테스 / 料理집 食母 / 不良少女 / 無親인 아이 / 後妻 / 實家로 되돌아온 女人 / 姙婦 / 非處女 / 低惱者 / 茶房主 / 飮食店主 / 金融業主 / 銀行勸誘員 / 齒醫師 / 講演者 / 仲介者 / 外務員 / 寶石商.

飮　　食

鳥肉 / 鳥肉金 / 찌게 / 계란밥 / 酒 / 甘酒 / 커 -피 / 紅茶 / 牛乳 / 餅菓子 / 餡 / 辛味.

生　　理

右肺 / 口中 / 齒 / 咽喉 / 神經衰弱 / 氣管支.

動　　物

羊 / 猿 / 鷄 / 매미.

植　　物

도라지 / 尾花 / 萩 / 藤袴 / 패랭이꽃 / 달맞이꽃 / 수박 / 生姜 / 모든 秋草類.

八 白 土 精 氣

○十二支는 「丑 · 寅」
○五行은 「土」 「濕」
○季節은 「一月~二月」
○時間은 「一時~三時(丑刻) 三時~五時(寅時)」
○色彩는 「黃 · 白」
○味覺은 「甘」
○數象은 「五 · 十」
○易象은 「　　　(艮)」
○先天定位는 「西北方 六○度」
○後天定位는 「東北方六○度」

象 意 總 説

少年 / 山 / 黃 / 親戚 / 古를 버리고 新을 取함 / 知己 / 家鄉 / 節 / 相續 / 曲
角 / 잇맺음 / 終始 / 變化(始와 終의 意. 始終 混合의 意가 있음).

終의 意(止 / 斷切 / 斷念 / 打切 / 停止 / 中止 / 滿期 / 完了 / 閉店 / 廢業 /
全滅 / 되돌림 / 返還 / 拒絶).

始의 意(始作 / 開始 / 開業 / 甦 / 復活 / 再起 / 再出發 / 出發 / 發送 / 更
新).

終始混合의 意(持續 / 切換 / 連結 / 交換 / 接續 / 交代 / 移轉 / 休息 / 改造
/ 改革 / 賣買 / 兩替 / 渡行 / 渡來 / 狹打 / 握潰 / 進退不決의 狀態의 意 / 思
索中 / 方針未定 / 暫息하고 있는 곳 / 組立에 熱中 / 荷積).

天　　象

曇天 / 日氣의 變化 / 氣候의 變化季節.

場 所 · 建 物

家屋 / 倉庫 / 小道具庫 / 旅館 / 船宿 / 宿泊所 / 休憩所 / 停車場 / 駐車場 /
山頂上 / 堤防 / 築山 / 石崖 / 保壘 / 돌담 / 石段 / 石堰 / 門 / 階段 / 트ㅡ널 / 맞
닿는 집 / 구석 집 / 境界線 / 交叉點 / 改築한 家屋 / 衣類의 縫目 / 幹과 枝의
股 / 枝와 葉와의 附根 / 物間 / 짬 / 組立한 사이.

事　　物

두個의 물건을 맞추어 한 個로 한 물건 / 連續된 물건 / 이어서 合친 물건
/ 積木 / 台위의 물건 / 重箱 / 岩石 / 椅子 / 걸상 / 긴 椅子 / 책상 / 조끼 옷
/ 屛凡.

人　　事

少年 / 幼兒 / 相續人 / 父子 / 兄弟 / 肥滿人 / 强慾人 / 山中人 / 山寺의 僧 /
土木請員人 / 賣買周旋人 / 仲介人 / 旅館業者 / 停車場勤務人 / 橋上의 사람 /
階段에 있는 사람 / 鐵路건널목지기 / 內侍 / 囚人 / 築造修理人 / 不動産業 /
再生業.

飮　　食

쇠고기 및 쇠고기로 지은 料理 / 骨皮가 없는 肉類 / 生鮮알 / **수제비** / **甘**味.

生　　理

耳 / 鼻 / 腰 / 筋肉 / 瘤 / 關節 / 脊中 / 脊髓.

八白의 方災는 死產, 手足腕의 마디에 負傷이 온다. 重病人等의 **鑑定**은 病人의 生年精氣가 東北坐로 運行하였을 月, 또는 日에 死亡한다고 되어 있다. 또 生年精氣가 八白에 同會하여 發病했을 境遇에는 반드시 **新陳代謝**가 不充分하여 血液循環이 鈍해 졌기 때문이다.

動　　物

牛 / 虎 / 鹿 / 鳥 / 발이 긴 鳥類

植　　物

芹 / 筍 / 버섯類 / 감자類 / 고구마 / 토란 / 百合根.

九 紫 火 精 氣

○十干은 『丙·丁』

○十二支는 『午』

○五行은 『火』 『暑』

○季節은 『六月』

○時間은 『十一時～十三時(午刻)』

○色彩는 『赤·紫』

○味覺은 『苦』

○數象은 『二·七』

○易象은 『 ☲ (離)』

○先天定位는 『東方三〇度』

○後天定位는 『南方三〇度』

象意總說

夏 / 中年女 / 赤 / 紫 / 熱 / 光 / 明 / 太陽 / 付着 / 離別 / 天命 / 生命 / 精神 / 情 / 光明 / 灯明 / 陽炎 / 光線 / 照明 / 輝 / 天眼通 / 權利 / 意見 / 發見 / 露見 / 出現 / 發明 / 生別 / 死別 / 切斷 / 手術 / 決裂 / 割 / 分離 / 隔 / 脫退 / 辭職 / 除名 / 憤慨 / 抗議 / 發怒 / 粉爭 / 公爭 / 破壞 / 戰爭 / 싸움 / 硬化한 態度 / 氣勢 / 注意 / 協議 / 諒解 / 堤案 / 道理 / 解決 / 膨張 / 擴大 / 乾燥 / 旱魃 / 競走 / 華美 / 秀麗 / 裝飾 / 色彩 / 奉祝 / 大禮 / 拜賀式 / 閱兵式 / 觀艦式 / 奉祝 / 祭祀 / 結婚式 / 被露宴 / 葬儀式 / 搜索 / 鑑識 / 생각이 떠오름 / 孕胎 / 信念 / 怨靈 / 文字 / 火災 / 論爭 / 우쭐거리다 / 學者風인 態度 / 몸 円裝 하는 사람 / 酒氣를 띄고 있는 사람 / 날뛰다 / 엿 보다 / 讀書 / 문틈으로 보다 / 求景 / 怨恨 / 거울을 보다 / 望遠鏡으로 보다 / 寫眞을 찍다 / 見學 / 鑑定하다 / 測量하다 / 診察 / 放火 / 모닥불을 놓다 / 燒死 / 火葬 / 불을 붙이는 일 / 黑燒 / 賭博 / 勝負걸기 / 佛堂參拜 / 割腹 / 自刃

天 象

太陽 / 暑氣 / 南風

　九紫中央의 月 또는 日에는 晴天으로 바람 불며, 長雨가 持續될 때라도 九紫中央坐가 되면 一時的이 나마 太陽을 볼수 있게 되는 것이다. 여름철에 南風이 부는 날은 반드시 日氣가 맑으며 暑氣가 加해지더라도 東風·西風·北風·東北風이 부는 날은 日氣가 不順하여 진다.

場所·建物

　裁判所 / 警察署 / 派出所 / 檢査場 / 信號台 / 檢問所 / 燈台 / 消防署 / 試驗場 / 議事堂 / 書籍文具店 / 公設마-켈 / 百貨店 / 雜貨店 / 化粧品店 / 파파이야 / 숲 / 악세사리店 / 멘스홀 / 映画舘 / 圖書館 / 博物舘 / 學校 / 劇場 / 官署 / 敎會堂 / 布敎所 / 競技場 / 賭博場 / 選擧場 / 抽籤場 / 바둑俱樂部 / 모든 式場 / 宴會場 / 火災場 / 噴火口 / 山의 南部 / 川의 北部 / 華麗한 場所 / 호스테스 案內役.

事　　物

株券 / 公債 / 社債 / 手票 / 證書 / 書画 / 書籍 / 雜誌 / 地圖 / 僧圖 / 設計圖 / 記録書類 / 原稿 / 契約書 / 許可書 / 願書 / 文具 / 委任狀 / 推薦狀 / 領収證 / 教科書 / 免許狀 / 名刺 / 學用品 / 表札 / 始末書 / 覺書 / 離婚狀 / 謝過文 / 經文 / 國旗 / 幟 / 軍旗 / 信號旗 / 坤繪 / 錦繪 / 影繪 / 악세사리 / 絣 / 友禪 / 刺繍 / 礼章 / 勲章 / 神 / 祠堂 / 五層塔 / 城 / 樓閣 / 望台 / 古宮 / 金象 / 木象 / 土象 / 石像 / 鏡 / 御幣 / 燈 / 神佛具一式 / 印影 / 紙幣.

人　　事

智者 / 學者 / 醫師 / 鑑定士 / 審判官 / 裁判官 / 檢查官 / 監督 / 測量技士 / 監視 / 參謀 / 看守 / 顧問 / 理事 / 教員 / 試驗官 / 會計係 / 美容師 / 理髪師 / 警察官 / 官公吏 / 名譽職인 사람 / 選手 / 新聞記者 / 神主 / 書道家 / 小説家 / 美人 / 俳優 / 멘사 / 接待婦 / 醉人 / 好色家 / 火夫 / 姙婦 / 双生兒 / 易者 / 榮華스러운 사람 / 正樂한 사람 / 춤추는 사람 / 대머리 病者 / 發狂者 / 放火者 / 布教師 / 디자이너 / 인테리어 / 染色家.

飲　　食

海苔 / 貝類 / 色彩가 新鮮한 食品.

生　　理

心臟 / 眼 / 視力 / 頭惱 / 血球 / 顔面 / 頭部.

動　　物

七面鳥 / 孔雀 / 鳳凰 / 雉 / 金붕어 / 錦鷄鳥.

植　　物

紫陽花 / 紫雲英 / 芍藥 / 牡丹 / 百日紅 / 孔雀草 / 日葵 / 紫蘇 / 丹楓 / 萬兩草 / 南天 / 蕗 / 楠 / 榊 / 무슨 꽃이든 꽃은 九紫.

實 例 二 題

『굿바이』를 쓰고 굿바이 하다   太宰 治

1948年 6 月 愛人과 玉川 上水에 投身하여 人年에 『굿바이』를 告한 太宰 治이지만, 櫻桃忌日을 맞음에 젊은 男女펜들이 바친 꽃다발이 墓前에 山을 이루었다고 한다.

이 天才作家는 1930年 江島 軸浦에서 田某와 情死失敗, 1935年 鎌倉山에서 목매기 自殺 失敗, 1937年 水上温泉에서 O女人과의 情死未遂, 그리고 '不惑을 기다리지 않고 Y女를 파트너로 삼고 初志를 貫徹하고 말겠다는 作定이다.

그는 上京以后, 頻繁히 移住하고 있음으로써 그 발 자취를 調査하여 보았더니 ≪氣學≫上으로 結論을 얻는데 苦心하였다. 라고 하는 것은 1931年 五反田~神田同朋~和泉~을 옮겨 다녔으며, 1932年에는 柏木~八丁堀~白金三光町로 轉轉하다가, 1933年에는 天沼에 있는 집에서 三丁目에서 二丁目으로 옮기고 있음으로, 그 자취를 쫓다가 보니 숨이 막힌다.

1909年 6 月 19日生이라고 하니 酉年 一白精氣年의 四綠木精氣月이 된다. 그러면 그의 行跡을 더듬어 보기로 하자.

1923年 懸立青森中學校에 入學, 鄕里金木町—青森(東南)에 下宿.

五黃中央坐의 年·東南四綠은 生月의 精氣殺方位.

1927年·弘前高等學校 入學·青森~弘前市(西南)에 下宿.

1930年·東京帝國大學入學·青森~東京(南)으로 下宿.

七赤中央坐의 年·六白中央坐의 月·南은 年盤二黑相剋·月盤一白精氣殺 方位.

11月29日에 빠르게도 銀座의 빠—女給·田某女와 江島 抽浦에 投身精死를 行하고 있다.

1931年 2 月 新宿戸塚~五反田(西南)로 移住.

六白中央坐의 年·五黃中央坐의 月, 西南은 年盤三碧의 吉方位. 其後, 五反田~神田(東北)으로 移住. 九紫年破方位.

1932年 日本橋八丁堀~白金三光町(西南).

五黃中央坐의 年·西南은 二黑相剋方位.

1933年·白金三光町~杉並天沼(西北)에 移住.

四綠中央坐의 年·西北은 五黃殺方位.

1934年 8月 東京~伊豆三島町(西南)에 滯在.

三碧中央坐의 年·八白中央坐의 月, 西南은 九紫相剋方位·月盤五黃殺方位.

1936年 11月·船橋~杉並天沼(西)로 移轉.

一白中央坐의 年·八白中央坐의 月, 西는 年盤三碧 吉方位·月盤 一白精氣殺方位.

1937年·東京~水上溫泉(西北)으로 가서 O某女와 自殺未遂.

九紫中央坐의 年·四綠中央坐의 月, 西北은 年盤一白精氣 殺方位·月盤五黃殺方位.

1938年·杉並~山梨縣河口村(西)로 移住.

八白中央坐의 年·西는 一白精氣殺方位.

1939年·甲府~三鷹(東)으로 移住.

七赤中央坐의 年·東은 五黃殺方位.

1945年 4月·三鷹~甲府(西)로 疎開.

一白中央坐의 年·六白中央坐의 月, 西는 年盤三碧吉方位·月盤八白對殺方位.

1945年 7月·甲府~津輕(東北)으로 移住.

一白中央坐의 年·東北은 生月 四綠精氣殺方位.

1946年 11月·津輕~三鷹(南) 舊居로 돌아감.

九紫中央坐의 年·五黃中央坐의 月, 南은 年盤四綠 惡殺氣 및 精氣殺方位·月盤은 九紫相剋方位.

1948年 6月13日·Y女와 投身自殺.

七赤中央坐의 年·四綠中央坐의 月·年盤으로는 生年精氣가 東北坐에, 生月精技는 西南坐에 運行하고 있어, 兩精氣가 對中. 月盤으로는 生年精氣가 年盤의 年月精氣에 同會하고 있다.

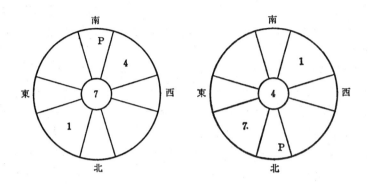

　그가 最初에 크게 움직였던 것이 1930年 東京帝大 入學을 爲해 靑森에서 東京으로의 移住이지만, 이것이 七赤中央坐(生年·生月精氣對中)의 年으로서 처음 自殺을 企圖하고 있으며, 그리고 最後에 自殺을 企圖 한것도 亦是 七赤中央坐인 年으로 되어 있다.

　線路上으로 말하자면 1939年(七赤中央坐)에 凶災가 나타나기에 알맞다. 다시 한바퀴 돌아서 1948年의 七赤中央坐인 年에 結末을 보았던 것이다. 이것은 十八年間에 二十三回나 移住하고 있었기 때문에 太極이 定하지 못했던 까닭일 것이다.

　그가 移動하였던 方位의, 九精氣로 確實히 알게 된 것 만을 다음 提示한다.

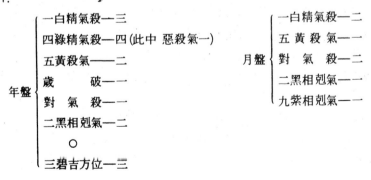

大逆事件의 紅一點 菅野 氏

明治天皇의 暗殺을 企圖하였다는 理由로 幸德秋水의 一常은 處刑 되었지만. 菅野는 愛人인 秋水와 死刑을 宣告 받고 不過 三〇年의 젊은 生命을 끝마쳤다.

그러나, 時代가 바뀌고 世上이 變하여 六〇年後에 「무언가, 大逆事件은 좀처럼 들추기 싫다」고 할수 있겠다. 이 薄福한 佳人의 從跡을 《氣學》으로 追跡해 봤더니 幼年時節부터, 住居地를 轉轉하고 있으므로 方位를 取할 方途가 複雜하다.

거기다가, 가장 決定的인 것이 되는 最初에 크게 移動하였을 때 (大阪~東京)의 年月日이 不明하며 뒤는 半半 또는 一~二年 程度만에 여러 곳을 옮기고 있으니 完全히 閉口해 버렸다.

그 女는 1881年 6月 7日生이므로 巳年二黑土精氣年·七赤金精月이 된다.

1987年 以後에 大阪에서 東京으로 移住하고 있으나 年月은 不明이다.

1890年 12月 19日에 東京~大阪 (西南) 移住.

二黑中央坐의 年이므로 西南은 八白惡殺氣方位·月盤七赤精氣殺方位. 翌年 五月에 天滿橋~白屋町, 다음 다음 해에 白屋町~松枝町으로 移住하고 있다.

1893年 2月 13日에 大阪-愛媛 (西南)으로 移徙.

七赤中央坐의 年이므로 西南은 年盤 四綠相剋方位·月盤殺方位.

1894年 3月 8日에 愛媛~大分 (西南)으로 移住.

六白中央坐의 年이니, 西南은 年盤三碧相剋方位·月盤一白對殺方位. 同年 九月 豊岡으로 四箇月後에 竹田으로 移住.

1896年 9月 20日·竹田에서 大阪 (東北)으로 移住.

四綠中央坐인 年으로 東北은 年盤七赤精氣殺 方位·月盤四綠 對氣殺方位.

1898年·大阪~東京 (東北)으로 移住하여 結婚함.

二黑中央坐인 年·東北은 月盤五黃殺方位.

1901年 8月·東京~大阪 (西南)으로 돌아가서 父親을 看病함.

八白中央坐의 年·西南은 年盤五黃殺方位·月盤二黑精氣殺 方位.

1905年·京都～東京(東)으로 移住.

四綠中央坐의 年·東은 二黑精氣殺方位.

　1906年 2 月·伊豆初島(西南)로 轉地.

三碧中央坐의 年·西南은 年盤九紫·月盤 二黑精氣殺方位.

　同年 8 月·初島～東京(東北)에 돌아오다.

東北은 年盤吉方位·月盤二黑惡殺氣, 月破, 精氣殺 方位.

　1908年 2 月·東京～鎌倉(西南)에 療養.

三月에 歸京.

一白中央坐의 年·西南은 年盤七赤精氣殺·月盤五黃殺方位.

　1909年 3 月·東京～湯原溫泉(西南)에 滯在.

九紫中央坐의 年·西南은 六白 吉方位·月盤一白對氣殺方位.

　同年 5 月·湯原～東京(東北).

東北은 年盤三碧相剋方位·月盤五黃殺方位· 二五日 檢擧. 二一日 起訴.

　1910年 1 月18日 死刑宣告. 二五日 死刑執行.

九紫中央坐인 年·三碧中央坐이 月이 된다.

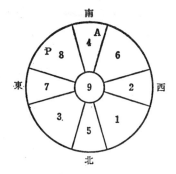

死刑時의 年盤

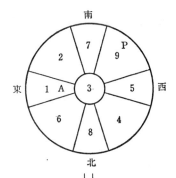

死刑時의 月盤

　年盤으로 生年精氣는 後天定位七赤同會하고 그 위에 生月精氣도 東西의 坐이니 對中. 月盤으로는 年盤의 二黑에 五黃이 同會(二重). 二黑은 年盤의 八白에 同會하고 있다.

　生命의 끝을 表示하는 것으로서 다음의 類型을 列擧한다.

① 生年과 生月의 精氣가 同會하였을 때.

② 生年 또는 生月精氣가 惡殺氣를 띠고 있을 때.

③ 生年精氣와 生月精氣가 年盤에서 對中하였을 때.

④ 生年 또는 生月精氣가 歲破 또는 月破를 받았을 때.

⑤ 五黃·惡殺氣·歲破等에 同會하였을 때.

⑥ 過去 利用했던 方位의 相剋精氣와 同會하였을 때.

⑦ 生年精氣 또는 生月精氣가 過去에 利用했던 吉方位의 坐에 들어갔을때.

그 女의 境遇는 ④를 除外한 나머지 條件은 모두 具備하고 있다.

그런데, 移動方位의 九精氣를 주워 보면 다음과 같다.

年盤 {
二黑精氣殺——一
七赤精氣殺——二
五 黃 殺 氣——二
八白惡殺氣——一
　　　○
三碧相剋氣——一
四綠相剋氣——一
　　　○
六白吉精氣——二
}

月盤 {
一白對精氣——二
四綠對殺氣——一
二黑精氣殺——四 (此中二黑
　　　　　　　　惡殺氣二)
七赤精氣殺——一
五 黃 殺 氣——三
}

附　　録

秘　稿
氣學健康法

「氣學健康法」은 地角先生이 長期間의　氣學研究上에서 얻은 結論으로「病者에 開運 없음」「病은 不動點으로 부터 生함」이란, 先生의 標語였다. 또, 家相鑑定에 있어서 通風과 湿生에 着眼되었던 것은, 從來의 家相法에 없는 獨創的인 것이다. 本稿는 地角先生의 講義를 筆錄한 것이지 마는 貴重한 資料이므로 한사람이라도 더 많은 사람들에게 알려 주기 爲하여,　여기에 再錄하였다.

더우기 氣學用語는 내 나름 대로 修正하였다.

田口二 州 記

氣學上에서 본 病의 原因

病은 왜 일어나는가?

「病은 왜 생기는 것일까」라고 하면 그것에는 여러가지 原因이 있겠으나, 大体로 이것을 살펴 보면

① 方位의 關係

② 家相의 關係

③ 一白作用의 關係(추위로 因한 關係)

④ 食事關係

⑤ 運動關係

等으로 大別할수 있으나 지금 이것을 各項에 따라서 簡單히 解説해본다.

方位에 依한 病

人間 五体五肢를 方位로 나누면, 南은 頭部・北은 陰部・東은 左脇・西는 右脇・巽은 左手・坤은 右手・艮은 左足・乾은 右足이라고 되어 있다.

또, 五臟에 딱 들어 맞추면, 東은 肝臟・西는 肺臟・南은 心臟・北은 腎臟中央은 脾臟이라고 하는것 처럼 定해져 있다.

따라서 南을 凶方으로 使用하면 腦溢血을 일으킨다 든가, 心臟을 惡하게 하기도 하며, 北의 凶方으로 移徙하면 腎臟病에 걸리든가, 陰部의 病, 即 痔疾・또는 性病에 걸리기도 하며, 女性은 婦人科 疾病으로 苦生한다든가 모든 方位 대로 病에 걸리는 것이다.

手를 惡하게 하는 方位로 移徙함으로 手를 惡하게 한다. 足을 痛하게 하는 方位로 감으로 足을 痛하게 된다. 肺를 患하는 方位로 出行함으로 肺를 患한다는 것으로 되어 있다.

移徙에 限하지 않고, 新築・改築・增築等을 行하면, 行한 方位에 따라서 方位에 맞는 病災가 家族中의 누군가에게 생긴다.

南方을 修理한다면 頭部로 올것이며, 北을 손질하면 肛門에 오는 것은 當然하다. 萬一 家尾의 中央部位를 손질하였다면 中央은 人体의 五臟임으로 五臟에 온다. 方災로 손이나 발을 惡하게 하더라도 죽는 일은 없겠지마는 五臟에 생긴 病은 死病임으로 救助될 可望은 稀薄하다.

中央이란 方位는 매우 重要한 方位이다. 例를 들면 七赤中央坐인 해에

家屋의 中央部位를 改造하면 家族中에 七赤生이 있다면 그해 안으로 急死하게 되는 것이다. 生年精氣가 있는 中央을 犯한것이 되므로 精氣殺의 作用이 急激하게 일어나는 까닭이다. 即 生과 死가 方位 나름 대로이다.

方位의 吉凶이란 和合과 反發의 關係라고 하니, 和合을 吉이라 하고, 反發을 凶으로 한다. 和合인 吉方으로 가면, 天地浩然의 氣에 培養되어 健康은 눈부시게 增進한다. 反發인 凶方으로 가면, 天地의 殺氣에 相害되어 차차 몸의 生氣가 減退되어 病을 일으키게 된다. 더구나, 惡殺氣나 五黃殺 等의 大凶方을 犯하면 뜻하지 않는 負傷이나 急激한 病의 發生으로 生命을 잃게 될 것이다.

이것에 다음 가는 大凶方은 精氣殺·對氣殺·歲破·月破·小兒를 죽이는 小月建等이 있으니, 어느 것이든 健康을 害치고 生命을 빼앗으므로 健康長壽를 願하는 者는 이러한 凶方을 犯하는 것을 삼가 할것은 勿論 앞서서 吉方移徙를 履行 해야 할것이다.

어느 것이든 方位대로의 健康·不健康이 實現되므로, 方位의 選用은 極히 重要한 것이다. 잊었더라도 凶方을 使用해서는 안된다.

方災의 病은 언제 일어나느냐 하면, 十箇月째·十九箇月째·二八箇月 째·三七箇月째이다. 처음에는 輕微하더라도 二七箇月째는 歷然하게 나타난다. 年盤으로 말하면 自身의 使用한 精氣가 中央坐에 들어왔을 해에 發病 또는 죽음의 現象으로 나타나는 것이다.

時節上으로 말하면, 東方位를 넘은 것은 봄의 卯月에, 南方位이면 여름의 午月에, 西方位이면, 가을의 酉月에 北方位이면 겨울의 子月이 되어 發病하게 된다.

무엇 보다도 凶方을 避하여 吉方으로 移徙한다는 것이 健康法의 根本이다. 親和生成인 吉方과 相害滅亡인 凶方을 參考로 下記에 擧示해 본다.

親和生成＝水→木·木→火·火→土·土→金·金→水.

相剋滅亡＝水→火·火→金·金→木·木→土·土→水.

病과 方位의 實例

方位와 病과의 關係를 나타내는 鑑定實例를 들면, 東北을 吉方으로 하여 移徙한 一白年 五黃月生인 女性이 그 뒤 病에 걸려 醫師에게 보였더니「子

宮癌으로 入院 手術을 받지 않으면 안된다.」고 하니 「어떻게 된 것입니까」고 相談하여 왔다.

「그것은 異常하다. 그럴 까닭이 없다. 東北과 잘못하여 北으로 移徙하였다면 子宮을 惡하게 하는 수도 있겠지만 또 癌이라고 할만큼이나 人端한 것은 아니다. 아마 여태까지 몸을 너무나도 活動하지 않고 安樂한 生活을 하고 있었던 것이 吉方으로 옮겨 몸을 活動하였기 때문에 健康하게 될 前提로서 子宮이 一時的으로 부어 오른 것이다. 東北은 八白을 「山으로 함」으로, 浮上한것에 不過한것이지 그것도, 浮瘇 또는 부스럼이 아닌 單只 氣血이 停滯하였기 때문에 手術을 해서는 안된다. 凶方으로 移徙하였다면 勿論 나쁘게 되겠지 마는 吉方으로 갔을 때는 그런 症狀을 거쳐서 오히려 健康하게 된다」고 하여 安心 시켰던 일이 있었다.

病症狀도 方位 대로의 症狀이 되므로 같은 浮瘇이라도 一白이나 七赤인 方位로 가서 된 浮瘇에는 반드시 浮瘇의 머리에 口가 붙어 있으니 이것은 「七赤을 口로 함」이니 이것은 一白도 같다.

浮瘇이 생기는것과 同時에 口가 생겨 있다. 六白이나 八白方位로 가면 六白을 圓으로 함으로 둥글고 불쑥한 浮瘇이 생겨 그것에는 口가 없고, 八白을 山으로 함으로서 높아져있다.

一白・七赤인 方位로 가서 생긴 浮瘇은 口가 붙어 있으므로 手術하지 않고서도 반드지 낫지마는, 六白・八白方位인 곳으로 가서 생긴 浮瘇은 좀처럼 낫기 어려운 것이다. 皮膚 밑이 腐敗하여 색갈은 같은 肉色을 하여 불쑥 부어 있을뿐 口가 없음으로 皮를 찔러 濃出하게 되면 그것으로 낫는다.

九紫인 方位로 가서 痔疾을 앓았을 境遇에는 痔核이 肛門外로 나오며 거기에 사마귀는 두개 나타난다. 九紫(離卦)에는 二・七數가 있으며, 또 「離를 나타냄」이니 內部에 숨기지 못하고 外部로 나타나게 된다. 이것도 方位 대로인 것이다.

內部에 생긴것이라면 九紫의 裏의 一白의 作用이 된다. 또 三碧과 四綠方位로 가서 생긴 浮瘇은 痛症이 甚함으로 到底히 견디기 힘들 程度로 아프다. 그것은 「巽을 長으로, 遠方으로함」이니 瘇物이 筋肉에 생겼으므로 瘇物이 있는 곳에서 멀어진(離) 먼곳(遠方) 까지 아프게 된다.

一白의 부스름도 坎을 惱로 하고 苦로 하기 때문에 매우 痛하지마는 痛하는 곳은 부스럼이 생긴 그곳 뿐이다. 그러나, 三碧·四綠은 筋이므로 全身을 反響하는것 같은 痛이니 움직이지 않아도 욱씬욱씬 아프지마는, 三碧은 「震은 進함」로 움직이면 더욱 더 아프게 된다.

위에 記述한것은 瞳物을 例로 取한 槪略的인 說明에 不過하지만 方位에 따라 病의 判斷이 되며, 또 病에 따라 方位의 鑑定을 한다. 要컨데 方位와 病은 이와 같은 密接한 關係가 있으므로 健康을 바란다면, 먼저 吉方을 골라 移徙하여, 天地自然의 浩然의 氣에 惠澤을 입는 것이 가장 緊要한 일이다.

吉方을 利用하면 氣血의 循環이 自然히 良好하고 活發하여져 그것이 顔面에 나타나서 白紅色으로 溫和하여지며 心氣도 爽快하여 病魔도 좀처럼 侵犯하지 못하지 마는 凶方을 利用하면 氣血을 停滯하여 顔面도 薄黑해져 病魔의 捕虜가 되기 쉽게 되는 것이다.

家相에 依한 病

方位에 依한 病은, 凶方에 居住하였던 年月의 長短에 依하며 또 使用한 精氣의 性質에 따라서 반드시 죽는다고는 限定하지는 못하지만, 家相에 依한 病은 死病으로 救濟받지 못할 것으로 되어 있다.

이것은 매우 重大한 것이다. 人間의 五体五臟에 方位가 確立되어 있다는 것은 前述하였지만, 家相에도 勿論 方位가 儼然하게 確立되어 있다.

더구나 五体五臟의 方位와 家相의 方位와는 一致되는 것으로서 「乾·兌를 肺로 함」라고 하는 原則 대로, 家相에 있어서 萬一 西北과 西方에 缺陷이 있다면 그 곳에서 오래 居住하고 있는 사람은 반드시 肺를 나쁘게 할 것이다.

또, 이 家屋에 六白·七赤을 生年精氣로 하는 者가 태어났다고 한다면, 그 아이는 先天的으로 肺氣能을 喪失한 아이로서 태어난 것이 되어 到底히 成育하지 못할 것이 된다.

南을 頭部로 北을 陰部로 하는것과 같이, 五体·五臟과 方位와의 關係는 이것을 「定位」라고 하여, 永久히 不變不動인 것이므로, 家相에 따라 생기는 病도 定位대로 發現되어 오는 것이다. 더구나, 그 病이 家族中의 누구에게 오는가 하면 大別해서 두個의 境遇가 있다.

하나는 家相의 缺陷과 關係있는 方位에 因緣이 있는 사람, 南에 缺陷이 있는 家相으로는, 家族中에 九紫年月에 낳는 사람, 丙·丁인 해 및 丙·丁인 月에 낳는 사람, 또는 午年이나, 午月에 낳는 사람이 있으면 그사람이 特히 强하게 作用과 影響을 받아서 大腦나 小腦等의 頭部機關에 故障을 일으켜 눈을 나쁘게 하거나, 心臟麻痺나 惱溢血로 急死하든가 한다.

北의 缺陷은 一白·壬·癸·子의 年月에 낳는 사람이 痔疾이나 婦人病·花柳病·腎臟病을 患하게 된다.

東의 缺陷은 三碧·甲·乙·卯의 年月에 낳는 사람이 肝臟病이나 筋의 病·手足의 故障等을 일으킨다.

西의 缺陷은 七赤·庚·辛·酉의 年月에 낳는 사람이 肺結核이나 肋膜을 앓는다.

艮의 缺陷은 八白·丑寅의 年月에 낳는 사람이 大骨의 病氣·關節炎·脊隨等을 앓는다.

巽의 缺陷은 四綠·辰·巳의 年月에 낳는 사람이 神經系統의 病·左手의 障害·感氣의 發熱에서 死病化한다.

坤의 缺陷은 二黑·未·申의 年月에 낳는 사람이 胃腸의 障害·消化不良·惡性泄瀉等을 앓는다.

乾의 缺陷은 六白·戌·亥의 年月에 낳는 사람이 肺·肋膜의 右是의 故障等을 일으킨다.

이러한 病이나 障害는 마침내는 그 사람의 목숨을 앗아가는 結果를 가져 오게 된다.

다음에 家族中 누구에게 오는가 하는 또 하나의 問題는 下記와 같은 人象定位에 따라서 온다.

東은 震을 長男으로 함.

南은 離를 中女로 함.

西는 兌를 小女로 함.

北은 坎을 中男으로 함.

巽 (東南)을 長女로함.

坤 (西南)을 主婦로 함.

乾 (西北)을 主人으로 함.
艮 (東北)을 少男으로 함.

家相에 있어서 東에 缺陷이 있으면, 그것은 長男이 成育되지 않는 家相
이며, 乾에 缺陷이 있으면 主人이 早卒하는 家相이 된다는 것이다.

上記와 같은 病이나 죽음은 언젠가 하면, 그사람의 生年精氣가 家相의 缺
陷이 있는 方位로 돌아 왔을 때의 해에 일어난다.

北에 缺陷이 있는 집은, 1975年은 北에 三碧이 돌고 있음으로 三碧인 사
람은 警戒를 要한다.

南에 缺陷이 있는 집은 二黑인 사람이, 西에 缺陷이 있는 집은 九紫인 사
람이 危險期에 들어섰다고 볼수 있다.

「家相五箇年」이라고 하여 凶相인 집에 五箇年 살면 凶相인 影響이 心
身에 스며들어 그 뒤에 吉方으로 移徙해 가더라도, 그것을 삭히는데는 매
우 어려운 일이 된다.

萬若에 十年以上 살았다는 사람은 凶相의 氣가 徹底하고 있음으로 凶相
에 依한 凶災는 大部分 救하기 어려운 것이 된다.

또 凶相인 집에서 태어나 五箇年 以上 거기서 成育한다면 한平生 그 弱
點을 씻지 못한다. 이러한 사람은 大部分 先天的으로 五体五臟의 不備者
가 된다.

坤에 缺陷이 있는 집에 태어난 사람은 腸이 제대로 일하지 못하여 腸管
이 가늘다든가, 消化呼吸의 힘이 弱하거나 해서 태어나면서 부터 야위어 顔
色에 潤沢하지 못하고 脾弱한 体質이 된다.

北에 우물이나 새암이 있는 집에 出生한 女子는, 先天的으로 子宮의 發
育이좋지 못하여 結婚하여도 妊娠하지 못한다.

「東方震을 聲으로함」이니 東에 缺陷이 極甚한 집에는 發聲하지 못하는
啞者가 出生한다는 뜻이니 이것은 病이 아니고 不具이다.

南의 凶相이 至極한 집은 頭惱가 움직이지 못하는 白痴인 아이가 出生
한다.

西는 右肺, 乾은 左肺이나 그方位에 缺陷이 있는 家相에 出生한 사람은
태어나면서 부터 肺機能이 弱해 深呼吸이 困難하다.

家相에 對해서는 無關心인 사람이 많을것 같으나, 家相처럼 두려운 것은

없다. 家相의 缺陷이란 家相의 弱點을 뜻하는 것이니 正方形이어야 할 것이, 下圖처럼 구석이 비어 있든가 復道나 마루가 되어 있든가 하는 家相을 말한다.

南方에 툇마루가 있으면 그것은 南方에 弱點이 있는 家相이 된다.

口는 福의 門이라고 하지 마는 크게 입을 벌리고 거기에서 空氣가 往來 하는것 같은 家相은 모두 凶相이다. 口는 可及的 적게하여 더우기 換氣가 充分하게 取해지는 것이 理想的인 家相임으로 以上과 같은 缺陷을 없애고 禍의 侵入을 防止하는 것과 함께 積極的인 幸運長壽를 招來하여 子孫永遠 의 繁榮을 保存토록 考案된것이 大正館의 獨特한 「天相式」家相이다.

家相과 空氣

大正館에서 「天相式家相」의 建築을 長期間에 亘해 唱導하여 온것은, 吉 方位에 吉相의 집을 建立한다는 것이 幸運長壽의 根本이기 때문이다. 그 런데 살려고만 생각한 나머지 아무렇게나 指導을 함으로 매로는 重大한 過 失을 犯하며 「天相式家相」의 名聲을 흠지게 한 일이 있으므로서 매우 遺 憾스럽게 생각한다.

夫婦사이에 四男妹의 子女를 둔 사람이 天相式을 建築하여 移徙하였더 니 二年을 經過되지도 않는 사이에 두 아이가 死亡하고 세번째의 아이도 病에 들자 마자 婦人이 肺病에 걸려 入院하였다.

마침내 이 두사람도 死亡하니 남어지는 主人과 六歲되는 어린이와의 두 사람이 남게 되었다. 그 아이도 또 病이 들었음으로 主人이 惶慌하여 大 正館으로 달려왔다.

「換氣窓이 없었던 까닭일 것입니다」라고 하니

「아니요. 空氣는 있읍니다」라고 말하기에 잘 살펴보니 窓은 틀림없이 있 으나 정말 空氣窓이 없는 建築이였다.

窓을 두면 반드시 그 對中에 맞는 窓을 만들지 않으면 空氣는 完全하게 는 빠지지 않으므로 썩은 空氣가 充滿하니 그곳에서 살고 있는 人們은 밤 낮으로 그 空氣를 呼吸하고 있음으로 病이 되어 모두 죽게 되는 것이다.

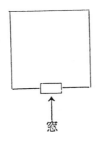

窓

空氣는 이처럼 큰 影響을 주는 것이다. 一方口의 집이란, 下圖와 같은것
으로서 空氣作用의 두려움을 생각하면 어떻게 一方口의 家相을 「一家全歳
의 家相」라고 하는 까닭을 잘 알수 있다.

옛 부터 銅으로 지붕을 덮으면 一家가 모두 죽어 絶孫한다고 傳해져 있
지마는 그것은 어떤 뜻인가 하면 집안에서 지붕으로 빠져 나갈 空氣가 銅
으로 密閉되어 있음으로 天井板과 지붕과의 사이에 停滯하여 腐敗되니 湿生
이라는 黴菌을 품은 썩은 空氣가 집안에 돌고 되돌므로 이것을 呼吸한 사
람은 大部分 病이 되어 죽어버린다.

이것을 一家絶滅의 家相 이라고 하지 마는 달리 銅이 나쁘다는 것이아
니고 銅으로 密閉되었기 때문에 속의 空氣가 썩기 때문이다.

「天相式家相」으로는 換氣를 充分히 하고 太陽光線을 품은 外部空氣가
집안으로 還流하도록 되어 있고, 天井이나 天井裏에도 마루밑의 空氣도 빠
지도록 構造되어 있으므로 天相式의 집에서는 蚤도 끓치 않는다.

부엌이나 浴室처럼 水分이 있는 곳은 반드시 湿氣가 차서 黴菌이 發
生하고있음으로 부엌의 濕氣가 寢室로 들어오지 않도록 硏究할 必要가 있
다. 조금이라도 臭氣가 發散하는 것은 그 臭氣속에 반드시 黴菌이 들어있
다는 것이라고 생각하지 않으면 안된다.

特히 化粧室의 極甚한 臭氣를 室內로 들어오게 하여 밤새 잠자면서 長
時間 臭氣를 빨아 들이는 것은 極히 非衛生的인 것이다.

本來人間은 다른 動物처럼 野外에서 起居하는 것이 가장 自然스러우며
健康長壽의 最善의 方法이어서 原始人은 모두 그러 하였다.

그런데 점점, 洞窟에서 부터 집을 建築하기에 이르게 되어 집안에서 사
는 것이 永年의 習慣으로 되었기에 새삼 野外生活을 한다는 것은 안 됨으

로 적어도 空氣만은 집안에 있더라도 野外에 있는것과 같은 狀態가　아니면 안된다. 집안에 있으면서 바깥의 新鮮한 空氣를 쉬지 않으면 안된다.

潛水艦에서 일하는 兵士나, 坑內生活을 하는 鑛夫처럼 空氣의　고마움을 알고 있는 사람은 없다. 살아있는 空氣와 죽은 空氣, 그 맛을 分別하지 못하면 참다운 長壽는 누리지 못한다.

天相式은 寒한 家相이라고 말하는 사람이 있으나, 外部空氣가 찬 季節에는, 집안도 차운것이 當然하며 自然이다. 이러할 때는 衣類에 寢具나 依해 調節防寒하더라도 室內에 炭酸까스가 發生하는 暖房을 해서는 勿論 안 된다.

官公署나 會社에서 實內에 들어서면 화끈하는 程度의 暖房을 하고 있는 곳도 있지마는 그러한 空氣를 쉰다는 것은 반드시 短命의 原因서이 되는 것이다.

自然의 道理에 順應한 建築樣式을 「天相式家相」이라고 하지 마는 天相式에 있어서는 무엇보다도 空氣에 對해 重點을 두고 있다.

强肺健康法

空氣는 活然의 氣라고 하니 人間의 精神을 기르는 食物이다.

一日三食의 食事를 一個동안 斷食하여도 人間은 쉽게 죽는 일은 없다. 空氣만은 一時間이라도 呼吸을 그치기는 아주 어려운 일이다. 그처럼 重要한 空氣인데도 空氣에 對해서는 많은 사람들은 너무나도 無關心이다. 飲食物 속에 머리 털이나 조그마한 머리털이 섞여 있다면, 그것을 아주 嫌惡하여 食器를 내동댕이 치는 사람도 있지마는 空氣가 썩어 있든가, 濁해져 있다는 것에 대해서는 比較的 泰然스럽다. 食物은 生命의 糧食이나 그것보다 空氣는 더욱 重用한 生命의 糧食이다.

空氣中에 包含되어 있는 酸素는 心臟을 通해 보내지고 있는 靜脈血 即 体內의 毒素나 老廢物을 가진 血液을 淨하게 하여 新鮮한 血液을　만드는 役割을 맡고 있다.

即 肺臟은 空氣의 呼吸에 依한 血液을 洗濯하는 任務를 띄고　있음으로서 洗淨된 靜脈血은 다시 動脈血이 되어 体內의 各機關의 細胞를 기루도록 되어 있다. 汚染된 물로 아무리 洗濯하여도 깨끗하게 되지 않는것과 같

이 濁해진 血液은 決코 淸淨하지 못한다.

이렇게 하여 体內에는 老廢物이나 毒素가 蓄積할 뿐으로서 細胞는 그 機能을 잃으며, 또 榮養은 失調된다. 따라서 五体五臟의 衰弱을 불러 일으켜 다시 酸素代身 黴菌을 빨아 들이면 그것은 自殺的인 行爲가 된다.

그런데 이 自殺行爲를 泰然하게 繼續하고 있는 사람이 많으니 놀라지않을수 없다. 新鮮한 空氣는 血液을 新鮮하게 한다는 것을 銘心해 둘 必要가 있다.

空氣의 呼吸은 크고 깊게하는 方法이 좋으며, 恒常 肺의 一部만을 活動시켜 呼吸하는 사람이 많으니 이것을 얕은 呼吸이라고 한다.

肺가 活動하지 않은 部分에 黴菌의 巢가 지어지니 肺의 全体活動을 꾀하지 않으면 안된다. 얕은 呼吸은 極端化되면 肺炎呼吸이라고 하여 俗으로 어깨로 숨 쉬는 格이 된다. 이것은 病人의 臨終때 보는 呼吸으로서 極히 不健康한 呼吸이며, 또 一回의 呼吸量이 적다는 것은 그 만큼이나 血液을 淸淨하는 用量이 적다는 뜻이다.

肺活量이란, 힘의 源泉으로서 活量이 크면 힘이 强하고 적으면 힘이 弱하다.

웅 ╱하면서 힘을 낼려고 하면 自然히 큰 숨을 쉬게 하는 것이다. 숨을 充分히 쉬지 못하면 充分한 일은 하지 못한다.

거기서 人間은 世上에 일어나서 充分히 일하기 爲해서 健康長壽을 얻기 爲해 어떻게 해서든지 肺를 健全하게 하여 肺力을 强大하게 하지 않으면 안된다. 그렇게 하기 爲해서는 日常 呼吸을 깊고 크게 하는 것이 必要하다.

特히 每日 아침 新鮮한 空氣속에서 코로 부터 徐徐히 빨아들여 充分히 빨아들인 然後에 더욱 吸足하여 가면서 웅 ╱하고 숨을 몰아쉬고 上半身을 앞으로 굽혀서 입을 열어 空氣를 吐해내는 運動을 한다. 이것을 세번 程度 行한것 만으로라도 肺를 强하게 하는 絶好의 健康이 된다.

이와 같은 呼吸法은 肺의 尖端으로 부터 底部에 이르기 까지 空氣가 오가서, 肺臟을 內部로 부터 눌러 벌리는 것이 되어 氣血의 澁滯를 一掃하니 肺의 機能을 活發하게 할수가 있는 것이다. 結核菌같은 것은 棲息할 余地가 없어지게 된다.

언제나 높은 소리로 말하는 사람은 肺의 强者이다. 發聲이라는 것이 벌써 一種의 呼吸運動이기 때문이다. 앞으로 굽힌 姿勢로 肺를 繼續 壓迫하고 있는 사람의 呼吸은 얕으며, 힘도 弱하고 소리도 낮은 것이다. 顔色이 蒼白하면 氣力도 衰退한다. 가슴을 펼치면 漂漂한 勇氣가 끓어 오른다. 肺를 强하게 하는 것이 健康에로의 第一步이다.

坎의 作用에 依한 病

「一白을 病으로 함」라고 하는 것은 寒氣가 스며드는 것이 病의 最大 原因이 되기 때문이다.

寒氣에 맞는다는 것은 全身의 血管을 收縮시키게 되어 그것은 마침내 氣血이 停滯하게 되어 病의 根本原因이 된다.

冷해진다는 것은, 人体 電滋氣의 發電力을 弱化시켜, 肺이면 肺, 心臟이면 心臟에 일하고 있는 電氣를 꺼버리는 것과 같은 것이 된다.

電滋氣의 氣와 血管의 血과를 總稱하여 「氣血」이라고 말 하지마는, 그 氣血이 圓滿하게 循環하여 運行되면, 사람은 絶對로 病에는 걸리지 않는다. 氣血 運行의 障害 또는 停滯로 부터 病이 일어남으로 寒氣가 든다는 것은 이 氣血의 停滯가 생기는 直接的인 原因이되는 것이다.

特히 寒氣는 感氣가 되어 肺를 惡化하고, 또는 腹痛·泄瀉를 일으켜서 腹에 큰 害를 끼친다.

「天理衛生法」即「氣學健康法」의 根本原理는 項을 다시 設定 해서 詳細하게 說明 하겠지만 要컨데 温한다는 것이 最善策인 衛生法이다. 또 健康法으로 入浴·入湯을 勸奬함도 이 때문이다. 温한다는 것이 最善의 健康法이라는 것은 꺼꾸로 말하면 冷함은 健康上 最惡의 條件이 되는 것이다.

病은 肺와 腸; 即, 乾과 坤의 두가지 以外는 없다고 말 하였지만, 寒한다는 것은 이 두가지를 나쁘게 하는 根本이다. 醫學上으로는 옷은 엷게 입는 것이 좋다고, 奬勵되었던 일이 있었지만, 勿論 必要以上으로 厚着을 하는 것은 좋지 못하지만, 함부로 薄着하는 것은 寒氣를 招來하게|되니 有害하다.

그 사람의 体質에 應하여 추위를 느끼지 않을 程度의 衣類를 입는 다는 것은 어쨌든 必要한것이며, 薄着하여 暖房이 强한 房에 있기 보다는, 衣服으로 身体를 保護하면서 겨울이라도 可及的 換氣에 注意하여 窓戶를 開放하는 것이 健康上으로 바람직 스러운 일이다.

食物과 病의 五類

五臟의 食物은 五味

人間이 飮食物을 무엇 때문에 먹느냐 하면, 말 할 必要도 없이 生命을 이어 나가기 爲해서다. 거기까지는 누구나 알고 있는 일이지만, 生命을 잇는다는 것은, 五臟을 기른다는 것으로서, 食物이란, 五臟이 먹는 물건이다. 라는 것을 정말 알고 있는 사람은 많지 않다.

自身이 살고 있다는 것은, 五臟이 살고 있기 때문이며, 五臟이 살아 있는 것은, 五臟이 여러가지 飮食物을 먹고 살아 있는 것이다. 眞實로 健康을 願하는 사람은 이런일을 理解하고 있지 않으면 안된다. 自身의 飮食物은, 實은 五臟의 食物이다 라는 것을 理解하는 것이 長壽法의 하나이다.

그러면 五臟은 무엇을 먹고 살아 있느냐 하면, 肝臟은 酸物, 心臟은 신것, 肺臟은 辛物, 腎臟은 醎物, 脾臟은 甘物로 定해져 있다. 酸·苦·辛·醎·甘 이것을 五味라고 하니 五味 이꼴은 五臟의 食物이다.

萬一 사람이 偏食을 하여 五味를 고루攝取하지 않으면 榮養不足으로 心臟이 弱化하든가, 肝臟이 弱化하든가 어느 것이든지 缺陷을 일으킨다. 그 缺陷이 發病의 原因이 되는 것이다.

그러므로 食物은 自身이 좋아 하는 것을 먹으면 된다는 생각은 잘못이며, 自身이 좋다 싫다는 別問題로 하고 五臟의 食物인 五味의 調節을 꾀하는 것이 健康法에 맞는 食事法이다.

妊娠한 女性이 酸味를 먹고 싶어 하는 것은 마침 그 때 胎兒의 肝臟이 形成될 때마다, 사람이 甘物을 먹고 싶어 할 때는 脾臟이 이것을 要求하기 때문이다. 腎臟은 소금을 常食하여 살아가고 있음으로 塩分이 不足하면 腎臟의 活動이 鈍해 짐으로 水分의 排出이 不充分하게 되어 浮症이 생겨 腎臟病이라는 診斷이 내려지게 된다. 신것은 싫다고 하여 이것을 全然 먹지 않으면 心臟을 惡하게 한다. 辛物을 싫어 하지마는 肺臟을 생각하여 먹지 않으면 안된다.

飮食物 五臟을 기르기 爲해 먹는 것이라는 것을 잊어서는 안된다.

「過는 如不及」 이라는 俗談이 있다. 사람은 過食하여 病이 되는 境遇가 있는것 처럼, 五臟은 食物이 不足하여노 또 過食하여도 故障이 생긴다

甘物은 누구나가 즐겨서 過食하는 傾向이 있으니 그 때문에 胃를 惡하게 하는수가 많다. 그 밖의 것은, 신것이나, 매운것이든 싫어서 먹지 않아 五味中에 不足이 생기는 일이 많으며, 特히 가장 重要한 소금은 人体에 좀처럼 調和롭게 攝取되지 않는다.

五味은 各各 重要한 것이지만, 五味中에서 特히 빠트릴일수 없는 것은 〝塩〟이다. 소금은 땀이나 오줌에 섞여 언제나 몸 밖으로 排泄됨으로 이 것을 補給하는 것을 잊어서는 안된다. 소금은 腸의 消化吸收 作用을 强化하므로 絶對로 不足해서는 안된다.

그러면 소금의 먹는 方法에 對하여 說明하면, 소금에는 여러가지 種類가 있으니, 山에서 採取한 岩塩이나, 電氣로 製造한 電氣塩等이 있다. 소금 이면 무엇이든지 좋다는 것이 아니고 海水를 塩田에서 生産한것 荒塩(漬物에 쓰는 소금)이 가장 좋은 것이다.

소금 속에 있는 〝苦汁〟이 人体에 있어서 가장 必要한 것이다. 荒塩 속에 가장 많이 含有되어 있다. 따라서 〝苦汁〟을 取해 精塩된 食卓塩이라는 것은 그다지 效能은 없으니 반드시 生塩을 使用해야 할것이다.

소금을 먹는 方法은 소금을 直接 胃속에 들어가면, 胃壁을 刺戟하여 吐氣를 빚을 念慮가 있으므로 每食마다 다른 飲食物에 조금씩 섞어 먹으면 된다.

五味를 適宜 攝取한다는 것은 緊要하지만, 特히 塩分 每日 補給하는것, 이것이 健康保有의 要緊한 일이다.

飲食物은 三食을 充分히 먹고 運動을 適當히 行해 먹은 飲食物의 完全 肖化를 圖謀하는 것이 理想的이며, 偏食이 좋지 않다는 것은 말할 必要도 없으며, 조금씩이나마 많은 種類의 것을 먹는다는 것이 必要하다. 種類가 많으면 自然히 五味의 榮養이 갖추어지게 되어 偏食의 弊害를 防除하기도 한다.

要컨데 飲食物을 攝取한다는 것은 單只 空腹을 차게 하기 爲해 먹는 것이 아니고, 肉体를 기르기 爲해서이다. 肉体를 기르는 것은 五臟을 기르기 爲해서이니 이 뜻을 理解하면 食事가 얼마나 重要한 것임을 깨달을 것이다.

同時에 飮食物을 消化吸收하여 五臟에 榮養을 補給하는 腸의 活動이 얼마나 重要하다는 것도 알게 될 것이다. 萬一 腸이 弱했다면 아무리 榮養分이 豊富한 飮食物을 먹었다 하더라도 참다운 榮養은 되지 않고 腸을 그대로 지나가 버린다. 腸이 튼튼하면 糧食도 또한 榮養이 된다.「根本은 腸에 있다」。

飮水 한다는 것

물이라는 것은 實로 重要한것이 지만 空氣와 함께 너무나도 우리 人間生活에 惠澤을 많이 주고 있으므로 그 고마움을 느끼지 못하는 사람이 많다.

물은 우리 人体에 있어서 없어서는 안될 물건이지만 사람들은 맑은 물을 그다지 먹고 있지 않다. 먹고는 있지만 水道管에서 나오는 藥品이 섞여 있는 물을 많이 먹고 있는 狀態이다. 可及的이면 水道물이 아닌 自然水를 많이 먹을 것이다.

放屁하는 사람은 短命이라고 말 하지마는 放屁는 腸의 活動이 不充分에서 일어나는 現象인 것이다. 腸의 活動이 弱한 사람에 長壽하는 일이 없다는 것은 當然한 일이다.

그런데 腸의 活動이 不充分하게 되는 原因은 水分不足에서 오는수가 많다. 即 水分不足에서 放屁라는 現象이 일어난다고 結論을 지을수 있다.

물은 맑은 生水를 먹는 것이 가장 좋다.

「生水에는 黴菌이 들어 있으니 먹으면 안된다」라고 말 하는 사람도 있으나 이것은 一知半解의 說이다.

試驗삼아 一旦 煮沸한 溫水를 식혀서 된 물 속에 金붕어를 넣어 보면몇일 살지를 못한다. 이 事實에 依해서도 生命을 이어가는 要素가 生水속에 있으니 그것을 끓이면 그 要素가 없어진다는 事實이 立證되고 있다.

茶이면 茶의 養分을 얻을 수 있으나 물 代身 溫水를 먹는다는 것은 大部分 意味가 없다(乳兒또는 病者는 그렇지는 않다)

물은 어느 程度의 量을 取하면 알맞는가 하면 그것은 밥을 三杯 먹는다면 二～三杯의 물을 먹는다. 即 먹은 量과 비슷한 量의 물을 먹는다는 것이다.

-173-

어떻게 된 것인지 一般的으로 물을 먹는 分量이 不足하다. 힘써 淸水를
먹을 것에 留意해야 할것이다.

胃 腸 健 康 法

肺를 튼튼하게 하는것과 同時에 胃腸을 强健하게 하는 것이 健康法의 根
本이다.

어떻게 하면 胃腸이 튼튼하게 되느냐 하면, 첫째로 入浴하는 것이나, 入
浴法은 뒤에 說明하겠지 마는 日常의 運動法으로서는 胃腸을 壓迫에서 解
放시켜 주는 것이 重要하다.

例를 들면 일어서서 몸을 활 모양으로 뒤로 제켜 胃腸을 당겨 늘리는것
처럼 한다. 或은 반듯하게 누워서 방석을 허리에 접어 대어 所謂 腰枕을
하여 暫時동안 그대로의 姿勢로 있으면 壓迫되어 萎縮하고 있었던 胃腸이
시원스레 늘어나 氣血의 停滯가 풀려난다.

裁縫等의 일로 앞으로 굽혀 일하는 사람들은 特히 이 運動이 必要하다.
또 入浴할 지음에 배를 씻는 方法을 알아 두면 그것이 胃腸健康法에 매우
좋다. 그 方法은 湯水에서 물을 溫하게 하여 湯槽로 부터 나왔을 때, 배에
〈웅〉하고 힘을 넣어 아랫배를 앞으로 내어 밀어 불룩하게 하면서 兩手로
腹部를 一分程度 맛사지하여 씻는다. 이것 뿐이지만 短命을 防止하는 胃
腸健康法으로서 가장 效果가 顯著한 것이다.

一般的으로 大部分의 사람은 배를 씻고 있지 않다. 참다운 洗法을 모르
고 있는 것이다. 이 洗法을 하면 腸皮를 아름답게 하는것과 同時에 腹中
의 氣血 運行을 良好活發하게 함으로 腹部의 內臟까지 깨끗하게 하는것과
같은 效果를 갖게된다.

自身의 胃腸은 튼튼하다고 믿고 있는 사람이라도 十中 八은 胃腸이 사
람으로서 모두 短命한다. 腹痛을 한다든가 發熱한다 든지 하면 비로소 법
석을 떨지만은 그런 自覺症狀은 훨씬 뒤의 일로서 거기까지 가기 以前에
自覺하지 못한 症狀을 일으키고 있는 사람이 많은 것이다.

病이라고 하기 까지는 아니더라도 假令 腸의 길이가 五尺이라고 하면 그
五尺 全部가 똑 같이 함께 活發하게 일하고 있는 사람은 健康長壽 하겠지
마는 그렇지 못하여 움직이지 않는 部分이 있다면 그 사람은 不健康 하며

-174-

短命한다.

腸의 일하지 않는 部分에 氣血의 停滯가 생겨 그곳이 부어오르거나, 부스럼 따위가 되어 化膿하든지, 結核菌의 棲息處가 되기도 한다. 肺中에서 일 하지 않는 部分이 있다면 그것이 病巢가 되는것 처럼 腸에 있어서도 그 病巢를 만들어서는 안된다.

그러기 爲해서는 前記한 胃腸健康法을 實行하는 것이 重要하며, 胃腸强健法은 이것에 限하지 않고 여러가지 方法이 있지마는 이 方法을 實行하게 되면 健康保全法으로서는 充分하다.

運動不足과 病因
病은 不動點에서 생긴다.

健康保全을 爲해 適當한 運動을 해야 한다는 것은 再言할 必要가 없지마는 그러나 運動이라 하더라도 過激한 運動은 오히려 健康을 害치게 된다.

「씨름군은 比較的 短命한다」라는 말이 있는 것은 理致가 있는 말이다. 運動法으로서는 누구든지 할수 있는 것은 걷는 것이다. 이것이 매우 緩和한 運動方法으로, 郵便·新聞·牛乳等을 配達을 職業으로 하는 사람이나, 管內巡視로 나다니는 警察官에 胃腸病患者가 적은 것은 잘 걷기 때문이다.

氣學의 鑑定에 있 어서.

「窮理를 잘 利用하라」는 商業方法을 듣고 뒤에 判斷하지 않으면 틀리는 수가 있기 때문이다.

洋服이나 韓服의 製品을 하는 營業人과 筋肉勞動者나 貨物의 上下車 作業에 從業하고 있는 사람과는 같은 判斷은 안된다. 앉아서 일하고 있는 사람에게는 胃腸病 患者가 많지만, 서서 일하는 사람들에게는 胃腸이 弱한 사람은 그다지 많지 않다.

「病은 不動點에서 생긴다」라고 하여, 움직이지 않는 部分에 病이 發生한다. 그러므로 이것을 움직이도록 努力하는 것이 運動이다. 身体를 움직이게 하는 것을 營業으로 하는 사람은 比較的 健康하고 그렇지 않는 사람이 比較的 不健康한 것을 이 理中에 있는 것이다

身体 어느곳이든지 不動點이 없도록 하는 것이 健康의 根本이며 衛生法의 眼目이기도 하다. 至今까지 두더지 처럼 부지런히 일하던 사람이 젊은 사람에게 店鋪를 물려 주었다거나 停年退職을 하여 樂隱居의 身分이되었거나 하여 갑자기 움직이지 않으면 健康을 害치는 수가 있으므로 注意하지 않으면 안된다.

또 只今까지 家事를 도맡아 보아온 主婦가 子婦를 맞거나, 家庭婦의 힘에만 依存하여 몸을 움직이는 일이 적어지면 갑자기 早老하는 境遇가 있다. 이런것들은

「病은 不動點에서 생김」의 原則 대로의 現象이라고 말할수 있을 것이다.

實 占 鑑 定 例

某赤十字病院의 N醫師의 따님으로서 七赤年의 六白月生인 사람이 蕁麻疹(두드러기) 때문에 三年이 넘도록 苦生하더니 病院의 藥으로서는 到底히 治療되지 않으므로 〝湯治〟라도 해 볼 생각을 가졌다. 고 相議하러 왔기에 鑑定해 봤더니 「五黃中央坐의 年」 卽 生年精氣가 西로 돌았던 해에 發病하고 있었다.

生年精氣인 六白은 乾에 있으니, 〝乾兌 를 肺로 함〟이니 肺를 惡化한 것이 두드러기의 根本原因인 것을 明瞭하게 되었다.

더구나 이것은 發病이라고 할 程度는 아니며 〝境遇病〟라고 하여 무엇이 든지 시중드는 사람에게만 맡기는 貴한 집 處女生活을 하였으니 肺를 弱하게 하였다고 볼수 있다. 먼저 肺를 튼튼히 하지 않으면 아무리 藥을 먹더라도 効力을 보지는 못할것이다. 두드러기만을 治療할려고 하기 때문에 絶對로 낫지 않는다. 그러니 湯治를 아무리 하여도 所用이 없을 것이다. 정말로 고치는 方法은 있지마는 實行할수 있겠는가」고 다짐을 하였더니, 兩親은 「어떤 짓이라도 시키겠오」고 하였다.

「그러면 그 方法을 가르쳐 주겠지만 뭐 값비싼 藥을 먹지 않아도 좋다. 남의 집에 家政婦로 가서, 身体를 일하게 해 보십시요 그러면 반드시 낫게 될것입니다」.

그야말로 남의 집에는 내어 보내지는 못하였으나 집에 두사람이나 있었던 家政婦와 함께 淸淨・飮事・洗濯等 부지런히 일 하였더니 정말 끈질겼

던 두드러기도 元來대로 깨끗이 사라져 버렸으나, 이것은 運動不足과 病因과를 나타내는 實例이다.

手足의 運動과 腸

적어도 生命이 있는 것은 반드시 일하고 있다. 움직이지 못하면 그것은 죽음이다.

움직임에 따라서 細胞도 內臟도 完全하게 機能의 發揮가 될수 있음으로 適當한 運動은 細胞의 活力을 增進시켜 그 機能을 活發하게 하기 爲해서는 반드시 必要한 것이다.

사람이 걸을 때에 손을 흔드는 것은 肺의 運動이 되며 발놀림은 腸의 運動이 된다. 사람들은 無意識的으로 걷고 있지마는 걸음으로서 肺와 腸과에 運動을 주도록 되어 있다. 이와 같이 人間의 身體構造는 實로 纖細한 것이라 하겠다.

손에 힘이 드는 일을 하고 있는 사람은 自然히 肺에 힘이 들며, 肺에 힘이 들지 않으면 손에도 힘이 들지 않는다는 關係가 되어, 이런 사람은 肺病에 걸리기 어렵다.

郵便·新聞·牛乳配達員에는 腸이 나쁜 사람이 없다는 것과 같은 理致이다.

肺와 腸과는 天과 地의 位置로서 모든 病은 여기에서 發源되는 것은 前述한것과 같으나, 그 肺의 運動을 돕기 爲해 손이 있고, 腸의 運動을 돕기 爲해 발이 있다는 것을 생각하면 自然의 造化의 妙함이 느껴지는 것과 同時에, 손을 흔들며 발을 움직이는 運動이 自然의 妙技로서 가장 좋은 運動方法임을 알수 있을 것이다.

발이 나쁜 사람은 腸이 나쁘며, 腸이 나쁜 사람은 발이 나쁘니 발과 腸과는 密接不離의 關係가 있으므로서, 발이 나쁘다고 해서 발 만을 治療해서는 到底히 나을 까닭이 없다.

根本인 腸의 治療를 하는 것이 重要한 것이다.

발이 나쁘다는 것은, 身體 全体의 健康에 매우 影響을 미치는 것이다. 발이 나쁘면 自然 運動不足이 될 뿐만 아니라 腸의 活動力도 低下시키므로, 全身의 榮養補給에도 關係되게 된다. 健康体를 顧하거던 발에 注意하지 않으면 안된다.

便秘하는 사람은 短命으로 그치기 쉽지만은, 便秘는 腸의 活動力이 鈍하기 매문에 일어나는 症狀이다.

腸은 消化·吸收·排泄作用을 하는 것으로서, 이 세가지 作用이 함께 完全하게 行해졌을 때가 健康体이니, 세가지 作用이 不行되지 않고, 便秘한다면 消化도 吸收도 나쁘게 되며, 消化吸收의 作用이 나쁘게 되면 便秘라는 症狀도 일어나는 것이다.

宿便을 腸속에 가두어 두게 되면 毒素가 發生하여 점점 健康은 좋지 못하여 진다. 便秘 그 自体가 좋지 못한 위에다가 便秘를 일으키게 된 腸의 活動力의 低下, 腸의 機能障害라는 根本을 考慮하여, 그 回復을 企圖하지 않으면 안된다. 그러기 爲해서는 前記한 胃腸強健法을 實施해야만 한다.

氣學衛生法과 原理

天地와 數理

氣學衛生法의 原理는 天地五行의 作用에 있다. 天地五行의 作用은 人体에 있어서 五臟의 作用이므로서, 天地五行의 運行도 人体五臟의 運營도 原理는 모두 같은 것이다.

天地의 數理는 가끔 說明한것 처럼, 五라는 것이 原理로서, 色은 五色, 味는 五味, 音은 五音, 穀物은 五穀, 人倫은 五常의 道라고 하며, 人体는 五体·五臟·手足의 指는 五指로 定해져 있다.

또, 天地에 運行도 五氣·五行이라 하니, 木·火·土·金·水의 五作用이다. 色도 味도 音도 人体도 大部分 宇宙天地에 있는 것은 모두 五行의 發現으로 되었다고 말 할수 있다.

氣學衛生法의 根本原理는 이 天地의 數理에 出發하여 五行作用을 究明하고서야 비로소 理解할수 있다.

一의 數는 水의 數이다. (北方坎의 數)

二의 數는 火의 數이다. (南方離의 數)

三의 數는 木의 數이다. (東方震의 數)

四의 數는 金의 數이다. (西北兌의 數)

五의 數는 土의 數이다. (中央의 數)

먼저 그 數의 性質은 잘 記憶해 둘 必要가 있다. 一부터 五까지가 天地의 原理로서, 天地의 原數가 一부터 五까지 밖에 없다는 것은, 天地의 活動하는 根本이 木·火·土·金·水의 五行外에는 없다는 것을 表示한다.

五行의 主体는 天과 地이다. 具体的으로 말하면, 天이란 太陽이며 地란 地球이다. 太陽과 地球와의 關係에 있어서 五行을 낳으며, 五行의 作用이 即 天地의 作用이라는 것이다.

天은 無形의 氣로서 그 氣를 받아서 이 地球上에 五行의 作用이 有形的·具体的으로 發現하여 오므로 土의 數인 五가 中心의 數, 中央의 數가 된다.

後天定位가 五黃을 中心으로 하고 中央으로 하는 것은 이 原理에 基因한다.

後天定位는 八方位의 作用을 表現하기 爲해 一에서 九까지의 數를 配置하고 있으나, 이것은 一에서 五까지의 天地의 原數와 그 變化作用을 包含하여 一부터 九까지를 하고 있다. 根本인 原數의 配置는 下記와 같다.

(南)　　　　太陽이 東天에 나타나 위로 올라간다는 數가
二　　　　震의 數, 即 三의 數이다.
(東) 三 五 四 (西)　　太陽의 光線을 地球가 받아서 비로소 草木의
一　　　　生成發芽라는 現象이 일어난다.
(北)　　　萬一 太陽의 光線을 받아 들이는 地球가 없

었다면, 光線은 空間을 放走하니 그 用務를 遂行하지 못한다. 그와 同時에 또 地球가 있더라도 太陽의 光線이 없었다면 地球도 草木이 發生하지 는 못한다. 根本은 天地가 一体가 되어서의 作用이지 마는 그 作用의 具体化를 하는 場所가 地球이다.

地球는 萬物의 母이므로 地球 即 五의 數를 母体로서 中心으로 하여 본다. 五에 三을 加하니 八이 되지 마는 震~巽에 三~八의 數 있음이란, 여기에서 發生하는 것으로서, 震의 三碧도 巽의 四緣도 함께 木이며, 震~巽은 草木의 發生·成長의 方位로 되어 있는 緣由이다.

草木이 發生하여 成長하는 힘은 어디에 있는가 하면 太陽의 힘이며 地球의 힘으로서 草木自体의 힘은 아니다. 三이라는 數는 木의 數이나, 그것은 太陽의 氣를 받아 地球에 養成받아 비로소 發育한다.

火의 數는 二의 數이다. 太陽의 光線을 받는 地球가 있으므로 비로소 火의 힘이 作用하니 地球가 없었다면 光線은 地球로 放走하면 火는 일어나지 않는다. 火는 火氣와 燃料가 되는 原材가 있어서 불타 오르는 힘이 있음으로 火의 氣가 있드라도 타는 材料가 없으면 火라고는 되지 않는다. 또, 燃料가 있어도 火의 氣가 없어서는 안되는 까닭이니, 火는 모두 두가지의 것으로 부터 成立된다.

이것이 火를 二의 數로 하는 緣由이 지마는, 即 五로 向해 作用한다. 五에 二를 加하면 七이 되지 마는 이것은 또 南方의 離에 二·七의 數이며 原理이니, 南에 火의 氣의 本源인 九紫火精氣가 在宮하는 까닭이다.

金의 數는 四이다. 金도 또 地球에 依해 生産되는 것으로서, 土가 없으면 金은 생기지 못한다. 土生金이라고 하여 生하게 하는 母体는 地球 이

다. 四에 五를 加해 九가 되지만, 乾～兌에 四～九의 數 있음이라 하여 西를 金의 方位로 하고 乾에 六白·西에 七赤이 在宮하는 뜻이다.

水의 數는 一이다. 水는 雨로서 天에서 내리지 마는 비가 비로서 空間에 있는 동안은 아무런 所用도 없다. 물이 萬物을 生成하는 힘은 土에 섞이어 비로서 登場 되는 것으로서 土에 依해 水 本來의 作用이 일어난다.

一의 數는 交하는 數이다. 一은 五에 交하여 使命을 完遂하게 된다. 一에 五를 加해 六이 되어 坎에 一～六의 數가 있다는 뜻이다. 北을 水의 方位로 하여 一白이 在宮하는 原理라 한다.

土의 數는 五이다. 五는 大極의 數이며, 萬物을 生出하는 數이며 또 萬物의 歸納하는 數이다. 一에서 五까지를 總合한 代表數이다. 이것을 地球의 數로 하지마는 木·火·土·金·水의 五行은 地球의 五作用이며 五가 있으므로 全部의 것이 作用하는 것이다.

以上, 數의 原理를 說明한것은 氣學 衛生法에 있어서 人体에 取한 五의 作用은 胃腸이며, 地球의 作用임을 理解있기 바라는 뜻이다.

胃腸은 地球의 作用

人体五臟은 天地의 五行 그것으로서, 方位 및 五行에 配置할 때는, 肝臟은 東이니 木·心臟은 南이니 火, 肺臟은 西이니 金, 腎臟은 北이니 水, 脾臟은 中央이니 土가 된다.

五行에 있어서는 地球가 中心母体인 것과 같이, 五臟에 있어서는 脾臟을 取해 代表되는 곳인 胃臟이 主体로 한다.

地球는 五黃土精이며, 胃腸도 五黃土精이다. 天地의 胃腸은 地球이고 人体의 地球는 胃腸이라고 하는 關係이다.

萬一, 大地가 없었다면, 木도 金도 水도 作用하지 못하는것 처럼, 胃腸의 作用이 없으면 九紫火精인 心臟도 七赤金精인 肺臟도 三碧木精인 肝臟도 一白水精인 腎臟도 살아서 作用하는 것이 없는 것이다. 五臟은 모두 胃腸이라는 大地에 養生되고 있는 것이다.

前述한 數理를 생각하드라도 모든 數가 中央인 五를 母体로 하여 생겨 또한 作用하고 있는것과 같은 關係가 있다는 것이 明確하다.

이 意味에서 간다면 中央의 힘이 弱한것, 卽 胃腸의 作用이 不完全한 것은,다른 內臟作用도 또 弱하기 마련이므로 胃腸이 弱한 것은 반드시 短命한다고 斷言할수 있다는 뜻이 된다.

胃腸이 弱하다는 까닭 만으로는 單只 그것만의 原因으로 即時 죽는다고는 할수 없지만, 胃腸으로 부터 보내지는 滋養分의 供給이 減少되기 때문에 心臟이나 肺臟·腎臟·肝臟이 榮養失調에 빠져 充分하게 그 機能을 發揮못하므로 全身이 衰弱하여 低抗力의 減退로 드디어 病魔의 侵入을 許諾하게 되는 것이다. 가장 先天的으로 弱한 內臟, 또는 病魔의 捕虜가 된 內臟이 가장 먼저 죽지마는 하나의 內臟이 죽으면, 結局 다른 內臟도 全部 죽는다고 하여도 틀림이 없다.

天地에 있어 地球의 作用, 人体에 있어 胃腸의 作用이라는 것이 如何히 偉大한 것인가를 確實히 알게 되었으리라 믿는다. 手·足·目·耳等 모든 活動하는 힘은 胃腸에서 생겨나는 것이다. 大地의 힘이 弱하면 草木도 자라나지 못하는 理致로서 天地의 哲理가 그렇게 되어 있는 것이다.

胃腸을 所重하게 하지 않으면 안된다 는 理由는 胃腸의 作用은 重大한 地球作用 그것이지만, 地球作用은 太陽의 氣를 充分히 받지 않으면 活發旺盛하지는 않는다

그와 같이 胃腸의 機能을 보다 活發하게 하기 爲해서는 어떻게 하면 좋을가는 더욱 重要한 問題가 된다. 거기에 氣學衛生法의 根本問題가 있는 것이다.

身体를 保温하라

埼玉県 二合半領이라는 곳이 있다. 여기서는 七月十七日이면 반드시 新米가 生產되어 그것을 朝庭에 進上함으로 有名한 곳이다. 어떻게 그렇게 빨리 新米가 되는지를 日前에 自動車로 그곳을 지났을 때 車를 세워 놓고 詳細하게 土地의 狀況을 檢査했던 때가 있었다.

特히 여기가 新米가 第一 빨리 生產되는 곳이라는 特徵은 보이지 않았으나 周圍에는 山같은 것은 全然 보지를 못하였다. 太陽은 地平線인 논밭 한가운데에서 솟아 올라 논밭 한가운데로 没入하는 狀態였다. 太陽光熱을 가로 막는 것이 없으므로 처음 부터 끝까지 하루 終日 太陽熱을 받고 있다. 이것이다./라고 痛感하였다. 〝熱을 받지 않으면 地球는 作用을 못한

다. ;라는 것의 證據를 이 土地가 나타내고 있다.

胃腸은 冷하면 作用을 못한다. 이것은 太陽의 光熱을 充分히 받지 못한 논밭은 土地로서 充分한 作用을 못하는 것과 같은 理致이다.

그러므로 冷한다는 것은 健康上 가장 좋지 못한 것으로서 「坎의 一白을 病災로 함」이라고 하는것도 一白은 水이며 方位로는 北이므로 冷하니, 冷하는 것을 萬病의 根源으로 하는 것이다.

거기서 冷하였다면 어떻게 하면 좋은지는 그것은 入浴이 絶對必要하게 된다. 「每夜 入浴하는 者에게 病人 없음」라고 하는 것은 極히 自然스러운 表言이다. 入浴하여 몸을 溫하게 하는 것은 太陽이 大地를 溫暖하게 하는것 처럼 胃腸을 따스하게 하는 것이다.

太陽熱을 받으면 草木은 茂盛하여 모든 生成發育의 힘이 增大하고 增強한다. 土氣를 旺盛하게 하여 萬物이 生成하는 힘을 旺盛하게 하는데는 그 母体인 大地가 따뜻하지 않으면 안된다. 그와같이 冷氣가 들었기 때문에 妊婦가 流産하는 수가 있으나 冷하면 여러가지 故障이 생겨 圓滿한 成長發育을 遂行하지 못한다.

腎臟이 惡하다. 子宮이 惡하다. 目·鼻가 惡하다 하드라도 單只 惡한곳만 손질을 하여도 낫는 것은 아니다. 그 惡한 芽를 피게 한 根源은 어디에 있는가 하면, 地球(胃腸)에 뿌리가 있어 뿌리가 좋지 못하기 때문에 나쁜 結果가 나타나는 것이다. 原因을 究明하지 않고 結果만을 碍拘하고 있어서는 病은 낫는것은 아니다. 나쁜 原因을 除去하는 것에 따라서 結果도 自然히 解消한다. 結果는 끝까지 그것에는 손을 쓰지 않아도 本元을 바로 잡으면 末稍는 自然히 낫는 것이다. 그것을 逆行하는 方法을 하고 있으면, 나을수 있는 病도 낫지 않는다.

氣學療術法도 이 原理에 出發하며, 現代醫學으로는 손을 쓰지도 못하는 難病을 낫게 하여지고 있으나, 이 原理대로 하면, 어떠한 病이라도 낫게 마련인 哲理로 되어 있다. 이 原理以外에 密象도 秘傳도 秘訣도 없다. 너무나도 簡單하기 때문에 많은 사람들이 利用하지를 않고 있다.

于先 따뜻하게 할것, 그리고 飮食物을 十二分 攝取하여 榮養을 豊富하게 해야 할 것이다. 그것이 食緝法이며, 入浴法이니 이것이 理想대로 行하면 반드시 病은 낫게 마련 되어 있다. 病이 되고서 부터는 이미 늦있으니, 病

이 되기 以前에 末然에 防止하는 것이 重要하다. 健康維持의 方法으로서도 ˝따뜻하게˝하는 것이 根本이다.

지난번의 大洪水는 家屋·財産·田地를 侵害한 災害外에도 其後二~三年 동안에 걸쳐 傳染病의 流行이라는 大病災를 남겼다. 傳染病의 予防으로서는 恒常 몸을 따뜻하게 하여 健康確保를 하는 道理밖에는 없다. 入浴勘行이 第一 다음에 養生에 注意하면 流行病도 決코 두려울것이 안된다.

氣血循環의 理法

最近 電氣에 關한 硏究가 매우 發達해 가고 있으나 科學者도 人体의 電滋氣의 存在를 認定하게 되었다. 人間에는 体温이 있다. 体温은 熱이며, 健康한 사람은 常時 三六度台의 体熱을 가지며 三七度가 넘으면 不健康을 意味하니 무언가 体內에 故障이나 病이 있다는 것을 알리는 것이다. 그러므로 熱속에는 電滋氣가 일하고 있어 電滋氣의 일함이 熱이 된다. 熱이 ○이 되면 그것은 人間이 차와지므로 卽 死를 뜻한다.

人体電氣는 九紫火이며 電滋氣의 일함은 熱이다. 萬一 人体電滋氣가 아무 障害도 없이 円滿하게 全身을 運行한다면 健康体이며, 運行이 不良하면 病体이다.

腎臟病은 腎臟의 電滋氣의 힘이 弱해졌음이고 肝臟病은 肝臟의 電滋氣의 힘이 不足하게 되었다는 것을 뜻한다.

人間의 身体는 電滋氣가 잘 徃來되지 않는 곳이 病이 되며 電滋氣라는 「氣」의 患이 病이라는 뜻이다.

病은 電滋氣의 不足이 原因임으로 患部에 電滋氣를 補給하는 方法을 講究하면 病은 낫는다. 이것이 「氣學治療法」의 原理이다. 血液에 電滋氣의 運行에 隨伴하는 것으로서 電滋氣의 運行이 나쁘면 血液의 循還도 나쁘게 된다. 氣血의 循還運行이 円滿한 사람에 病은 없으며 모든 病은 氣血 運行의 障害로 부터 일어난다. 물의 運行도 흐름이 停滯되면 腐敗라는 現象이 생기니 腐敗한 곳에는 또 반드시 黴菌이 생긴다. 사람의 身体라도 氣血의 停滯가 생기면 그 部位에 腐敗가 생기며 腐敗한 部位는 無限이 病菌의 巢가 된다.

그 現狀을 腫瘍·癌·結核等이라 한다. 結核菌을 빨아들인것만으로 肺結核이 된것은 아니다. 結核菌의 温床, 卽 血停滯部位를 自身이 지어 놓은 것이 肺結核에 걸리는 原因인 것이다. 健康人은 아무리 結核菌을 빨아들여도 肺病에 걸리지 않는 것만 보아도 그 因果關係는 明瞭하다.

그러면 그 氣血停滯는 무엇에서 오는가 하면 前記한 胃腸障害에 依하는 것이 많다. 胃腸에서 보내지는 榮養은 血이 되고 肉이 되는 要素이나 또 함께 人体電滋氣의 要素이기도 하다. 그야말로 石炭이나 물이 不足하면 電力이 低下되어 各家庭의 電壓이 낮아지는것 처럼 人体 電氣가 內臟, 各機關에 作用하게 되는 힘이 微弱하게 되면, 病의 原因이 된다.

萬一 肺의 電滋氣가 꺼지든가, 心臟의 電滋氣가 꺼진다면 ˝死˶로 人体는 찹게 된다. 이와 같이 人体 電滋氣는 사람의 生命이라고도 할수 있기에 人体電滋氣가 低下하는 것은 그만큼 生命力이 弱해졌음을 뜻하는 것이다. 生命力이 弱化되었다는 것은 氣血의 停滯를 意味한다.

人体電滋氣의 힘을 旺盛게 하는 方法은 亦是, 食餌와 入浴에 以外는 없다. 또 하나의 病을 治療하는 方法으로서 손끝 또는 손으로 病患部를 눌리는 方法이 있으나, 氣學療術法으로서는, 前記한 食餌法과 入浴法, 거기에 이 指壓法과의 세가지로써 成立하는 것이다.

數千年前 釋尊의 經文中에
「모든 病은 눌리면 낫는다」라고 가르치고 있다. 이것은 實로 偉大한 敎訓으로 現在 盛行되고 있는 指壓療法의 根底이다.

「왜 눌리면 나을까?」그것은 눌리는 것으로서 氣血流의 停滯을 消散시키기 때문이다.

더우기 또 한가지 術者의 電滋氣를 施術者의 病患部에 傳해질수있게 되는 것이다. 電滋氣가 不足하여 病이 됨으로 다른 곳에서 電滋氣를 補給받아 그 不足을 充足시켜 주면 病은 快方으로 向하는 것이 道理이다.

入浴하면 따뜻해 짐으로 患者 自身의 電滋氣의 힘이 活發하게 되지마는 同時에 外部에서 이것을 補充하여 주면 治療의 效果는 滿足이 되는 셈이다.

要컨데 病은 氣血이 停滯되어 일어 남으로 그 停滯를 解消하고 活發한 氣力과 新鮮한 血液이 全身을 고루고루 順調롭게 運行하여 循環되도록 하면 病者는 回復하여, 그래서 그 健康을 確保하게 된다

實際應用法

`氣學衛生法`의 根本原理는, 前述한 대로이다. 그 原理를 實際에 應用하는 대는 어떻게 하면 좋을 것인가가 問題가 된다. 이에 對해서는 「氣學에서 본 病의 原因」의 章에서 病이 되는 原因으로서

① 方位關係 ② 家相關係 ③ 冷氣關係 ④ 食事關係 ⑤ 運動不足 關係를 指摘하여 各各 그것에 對應하는 方法을 指示하였고 거기에 肺와 腸과의 強健法을 論述하였으나 다시 補完하여 說明한다.

病治療의 方向轉換

普通의 病人이나 凶方을 犯하여 病이 된 것은 하루라도 빨리 吉方으로 移徙를 施行하지 않으면 안된다.

吉方 移徙의 原則으로 年月 親和 生成의 大吉方을 擇하지 않으면 안 되지마는 그런 吉方은 좀처럼 돌아 오지 않음으로 그 사람의 生年精氣에는 關係하지 않고, 生月精氣에서 보고 吉方으로 移徙시킨다.

病人의 方向 轉換은 때를 늦추지 않고 實施할것이 緊要하니 來月이나來來月라고 하지 말고 그 달안으로 生月精氣의 吉方을 擇해 早速히 施行하지 않으면 안된다. 一旦 發生한 病은 하루하루 進行 惡化함으로 病人의 方向轉換은 빠를 수록 좋다. 吉方의 浩然한 氣를 받는 것으로서 病은 낫는다. 그것은 天地가 낫게 해 주는 것이다.

그러나 五黃精氣·惡殺氣等의 六大 凶方을 使用하면 住居하고 있었던 사람의 病은 救하기가 困難하니 大部分 不治라고 보아도 좋다. 다만 住居하였던 年月이 얕아서 凶方의 殺氣를 많이 받지 아니한 사람은 方向 轉換으로 禍를 防止할 可望도 있다.

病人이 醫師의 診療를 받을 때 勿論 吉方의 醫師를 擇할 것이지만 特히 時間의 吉方을 利用하는 것도 重要하다. 日이나 月의 吉方이라도 時間이 惡殺氣에 該當하는 方位를 利用하여 醫師의 診察을 받으면 틀림없이 誤診을 當하든가 注射를 맞았을 때는 이 注射는 惡殺氣의 毒을 몸에 注入시키는 것이 됨으로 注意하지 않으면 안된다.

더구나 病人이 아니드라도 普通사람이 吉方位를 選定하여 每日 吉方位가 되는 時間을 견주어서 밤만의 方向轉換을 實行하는 方法도 있으나 이것은 健康增進의 한가지 方法으로 效果도 顯著한 것이 있다.

家相에 依한 長壽法

吉方에 吉相의 집을 建立하여 산다는 것은 健康長壽의 最上의 秘訣이다. 「天相式家相」인 집에는 좀처럼 天理衛生法의 原理와 原則을 應用하여 여기에 사는 사람에 病者가 나오지 않는것을 理想으로 하고 왔으나, 이번 다시 一段進步된 「子孫繁榮의 家相」을 建築하기로 하자.

「子孫繁榮의 家相이란」 어떤 것인가. 그것을 여기서 說明하는 것은 限定된 紙面으로는 困難하지 마는 一言한다면 精神의 滋養과 肉体의 健全과를 主眼으로 하니, 그것을 根本으로 하여, ‵돈벌이‵가 되는 家相으로 子子係係까지 余德을 해 참으로 그 繁榮이 되도록 家相인 집을 세우자는 것이다.

精神이 健全하지 않으면 돈을 벌이므로 도리어 罪를 쌓아 그것을 子孫에게 미치게 되어서는 참다운 子子孫孫인 家相이라고는 할수 없다. ‵積善하는 집에 余慶있다‵ ‵積不善의 집에 余殃있다‵라고 하니 因果應報의 大法則에서 본다면 當然한 일이므로 여기에 積善하는 집을 建立할려고 하는 것이다.

그것은 참다운 뜻의 成功者를 輩出하는 家相으로 手段과 方法을 가리지 않고 돈을 蓄積하는 成功者는 一代뿐이거나 二代에서 滅亡하는 因緣과 運命을 가지고 있는 것이다.

다만 肉体的 健康을 保有하고 長壽를 하겠다고 願한다면 다음 方法을 實行하면 좋다. 假令 丑年生인 九紫인 사람이라면 艮方位와 九紫의 定位인 南方에 吉方의 方位로서 트인다. 그렇게 되면 그 사람에 큰 힘이 붙는다. 또 辰年生의 九紫인 사람이면 巽方位와 南方에 吉相을 지어지면 그 사람은 크게 長壽한다. 酉年生인 四綠의 사람이면, 西方과 四綠의 定位인 巽에 吉相을 지으면 이 사람은 長壽를 疑心치 않는다.

이는 精氣生이든지 그 精氣의 定位의 方向과 生年의 十二支의 方位와에 吉相이 붙여지면 그 사람의 長壽도 完全하다. 長壽하는 데는 長壽하는 만큼의 힘이 없으면 안되지만 그 힘은 家相에 있으며, 家相을 通해 天地로부터 附興하는 힘이다. 이것은 勿論 運勢도 좋아지게 되지마는 單只 長, 壽한다는것 만의 家相으로 누구 든지 틀림 없이 長壽한다.

萬·反對로 南方에 흠이 있는 家相, 南方이 後道·툇마루로 되어 있는

家相은 九紫인 사람이나, 午年生인 사람이 있었다고 하면, 이것은 短命인 家相으로 三〇歲台에 死亡하며, 四〇歲以上 살아 있을수는 없으니 大部分 神經衰弱症으로 죽어 버린다.

또, 西方에 缺陷이 있는 凶相인 집에 七赤金星인 사람·酉年生인 사람이 있으면, 呼吸器病이 되어 빨리 죽는다. 長壽도 短命도 家相에 따라 支配되게 되어 있다. 後天定位의 盤을 家相에 맞추어 東方에 缺陷이 있으면, 三碧인 사람 또는 卯年生인 사람은 短命이며, 艮에 凶相이 있으면 八白인 사람 또는 丑年·寅年生인 사람이 夭死하게 된다.

이것은 醫學博士가 千名 모여도 救하지 못할 生命이며 틀림없이 短命하게 될 家相이다.

「햇볕이 들지않는 집에 醫師가 들어온다」라는 俗談이 있지마는, 이것은 日照의 良否를 말한 것이지만 太陽光線이 屋內 中心으로 비추어 들어 오면 그 집은 滅亡하고 만다. 太陽光線을 含有한 外氣가 집 속으로 들어 왔어, 停滯하지 않고 年中 通過하고 있는 것이 좋다. 집이 周圍를 壁으로 하는 것은 좋지 마는 房은 可及的 壁間을 만들지 않는것이 좋다. 十尺房과 十二尺房이 隣接하고 있는 房에 九尺房만은 맹장지로 하고 나머지를 壁으로 하고 있는 집이 있으나, 그것이 「障壁」이 되어 空氣가 室內에 停滯하니 腐敗하여 病을 일으키는 原因이 되는 것이다.

家相과 病과의 關係는 主로 空氣關係가 가장 重要함으로 空氣에 十分注意하지 않으면 안된다.

五 味 食 養 法

食事와 病과의 關係에 對해서는 五臟의 飮食物을 五味로 하고, 五味의 調節을 잘 하는 것이 健康法이라고 說明하였으나 많은 사람은 酢物은 싫다든가, 쓴것이 싫다 든가 하여 먹지 않은것 같으니, 그것을 좋고 싫어 하는 사람은 衛生法을 모르는 사람이니 따라서 短命하는 사람이다.

五臟의 病은 飮食物이 不足하여 五味가 失調에 이르러 있는 部分에서먼저 發病한다. 例를 들면, 언제나 塩分이 不足한 사람은, 腎臟에 가장 먼저 弱化되어 發明하며, 酸物이 不足되고 있는 사람은 먼저 肝臟이 弱化된다.

五臟은 各各 主食이라는 것이 틀린 關係로 하나의 內臟만 肥大하고 다른

內臟이 瘦細하다는 것과 같은 食事의 攝取方法을 取하지 말고 萬着이나 往來할수 있는 마음 가짐이 重要하다.

行列을 展開하는데 있어서 발이 强한 者와 弱한 者가 같은 速度로 行進하면 結局은 발이 弱한 者는 落伍되는 運命에 있다는 것은 明瞭한것 처럼 五臟을 고루 고루 튼튼하게 活動할수 있도록 해 두지 않으면, 落伍되는 內臟이 생기게 된다. 다른 것의 活動力이 强하면 强할 수록 弱한 內臟은 점점 弱해지게 된다. 그래서 一臟의 落伍만으로만 그치지 않고, 一臟이 죽으면 다른 四臟도 차례차례로 죽게 되는 것이다.

長壽를 願하는 사람은 이러한 道理를 알고 五味의 食養法이라는 것을 언제나 念頭에 두어 그것을 實行하지 않으면 안된다. 五味의 食養이란 五味를 適當하게 攝取한다는 것으로 쓴것을 싫어 하는 사람은 매매로 쓴풀 따위를 極히 少量이나마 먹는다는 것이 養生法에 關聯된 일이다. 辛物도 甘物도 適量이 없어서는 身體의 養生은 되지 않는다. 特히 塩分은 重要하다. 소금을 조금만 甘物에 섞으면 더욱 달게 되며, 酢는 한층 더 쓰게 된다. 소금은 五味를 생기게 하여 그 持味을 發揮시키는 特殊한 힘을 가지고 있음으로, 소금은 絶對로 缺해서는 안된다.

무릇, 宇宙天地에 五味가 있는 것은 그것을 攝取하여 이로서 더욱 五臟을 培養하라, 라는 天의 恩惠와 下腸品이므로 이 天理에 順應하면, 健康은 自然히 增進하게 된다. 養生이라는 것이 健康을 爲해서의 必須條件임은 勿論이지만, 養生이란 무엇을〝養〟하느냐 하면, 五臟을 養하는 것이다. 五味의 食養法을 實行하는 것이 참다운 養生法이다.

不死의 法, 또는 發病하지 않는 法中에 이 五味食養法이 重要한 位置를 차지하고 있다는 것은 말 할 必要조차 없다. 病者에게 粥을 給與할 때는 可及的 많은 種類의 野菜나 消化가 잘 되는 魚肉을 섞어 지을 必要가 있다. 種類가 많으면 養分도 많다는 뜻이다.

入浴法을 實行할 때는 可及的 飲食物은 供給하지 않으면 안된다. 배 속이 비어 있으면 浴槽속에서 넘어질 念慮가생기니 食物이 充分하면 그런 念慮는 없나. 나만 食後 바도 入浴하는 짓은 避하는 것이 좋다.

-189-

몸을 움직여라

長壽하는 사람은 반드시 몸을 많이 움직인다. 가만히 있는 것은 싫다면서 부지런 하게 일하고 있는 사람은 누구나 健康하다.

「病은 不動點에서 생긴다.」

라고 하는 것은 金言이니 몸을 움직이지 않는 사람일 수록 病들기 쉽고, 또 언제나 不健康하다.

富者이다. 財産家라는 사람이 比較的 不健康한 것은 平安한 생활로 지내고 있기 때문이다. 平安한 生活이란 움직이지 않는 生活이다. 움직이지 않는 生活이란 不健康한 生活이라는 뜻이다. 即, 全身을 不動點으로 하는 生活이다.

이런 까닭으로 돈이 많아 목숨을 잃는 結果가 된다. 長壽를 願하는 사람은 身体中에 움직이지 않는 部分이 없도록 不動點을 짓지 않도록 留念하지 않으면 안된다.

肺이면 肺, 腸이면 腸에 때때로 힘을 주는 것은 좋은 運動方法이다. 이것에 對해서는 앞의 強健法에서 説明하였다. 손을 세게 쥐어 본다. 발을 마음껏 밟아 본다. 이것은 손에 힘을 넣고, 발에 힘을 넣는 運動이다. 힘을 넣는 것으로서, 그 部分의 氣血이 集注하여 오지마는 同時에 힘을 빼는 것으로서 지금까지 停滯하고 있었던 氣血은 한꺼번에 흩어진다. 머리를 발쪽으로 내려 될수 있는 대로 頭의 位置를 낮춘다. 이것은 血이 머리로 逆流하는 것으로 생각 되지만 조용히 元位置로 돌아 갔을 때에, 지금까지 머리에 停滯하였던 氣血이 흩어져 머리가 갑자기 가볍게 되어 爽快한 氣分이 된다.

이런 意味로서 每朝 洗面할 때는 높은 곳에 洗面台를 두지 않고 地面에 두어 허리를 깊게 꺾어 머리를 낮게 내루어 낯을 씻는다는 것은, 不知知識間에 健康增進의 方法을 取하고 있다는 것이다.

언제나 神佛을 信仰하고 있는 사람은 比較的 長壽한다. 神佛에 礼拜할 때 머리를 굽히는 것은, 前述한 理由에 따라서 健康에 좋으며 佛前에 對坐한 姿勢를 바르게 하는것도 背骨을 똑 바르게 함으로 이것도 健康上 좋다.

朝夕으로 佛前에서 讀經하는 僧侶는 肺病에 걸리지 않는다. 그것은 讀經하면서 深呼吸을 하고 있기 때문이다.

以上은 肉体的인 健康이지만 信仰에 依해 精神的인 健康을 얻을수 있음으로 肉体에 垢를 담아 두는 것이 不潔·不衛生이면, 마음에 垢를 남기는것도 또한 非衛生이다. 心의 垢를 信仰의 힘으로 털어 버리는 사람은 入浴하여 淸潔을 保存함과 같은 意味이니, 衛生方法에 緣由된다.

맑은 마음, 밝은 마음을 지닌 사람은 그것을 反對인 사람과 比較하여 長壽 할수 있는 것은 말 할 必要조차 없을 것이다.

入 浴 法

入浴할 때 어깨까지 담기는 것이 慣例로 되어 있지 마는 그렇게 하지않으면 따뜻해지지 않는다고 생각 하는것 같으나 그것은 잘못 生覺이다. 本人은 따뜻해 졌다고 느끼겠지 마는 實은 따뜻해지지 않고 있다. 半身浴, 即, 밥 주머니 있는 程度까지 湯에 담구어 그대로 十分間 지나면 반드시얼굴이 땀이 나오기 始作 하므로 땀이 나오기 始作하면 비로서 어깨까지 담구어 一分間 后에 나온다. 이것이 가장 效果的인 入浴法으로서 가장 따뜻하게 되는 方法이다.

이것을 하루 三回하면 腸이 惡化된 사람은 徐徐히 좋아진다.

이 入浴法으로서는 湯槽속에서 몸을 뒤로 제켜야 하는 것이 重要하다. 앞으로 숙이면 휜/하여 넘어질 念慮가 있음으로 注意해야 한다.

「每夜 入浴하는 者에게 病 없음」라고 할 만큼 人間의 健康에는 入浴이 絶對的으로 必要하다. 一般人은 入浴의 度數가 지나치게 적다. 따라서 氣血의 停滯에서 病에 걸리는 藥이나 機會도 많다는 것이 된다. 一週日에 一回 入浴한다면 入浴의 效果가 적으며 몸이 정말로 따뜻 해지지 않으므로 可及的 每日 저녁 入浴하지 않으면 안된다.

入浴效果를 充分히 發揮할려면 三食의 五味의 바란스를 考慮하면서 充分하게 攝取해야 한다. 그렇게 하고 이 入浴法을 實行하면 顯著하게 氣力이 增進될 것이다.

病者의 入浴을 醫師가 禁止하는 것은 入浴이 大端한 運動이 됨으로, 運動의 結果 오히려 病者를 弱化시킬가 두려워서이다.

그러므로 衰弱하지 않도록 榮養管理를 充分히 하고 入浴을 勵行하면 積極療法으로서 治病을 빨리 하고 健康回復의 原動力도 된다.

入浴 不足으로 健康者도 病者가 되는 수도 있으나, 一旦 病이 되면, 다시 入浴은 禁하게 되니 이래서는 病은 점점 낫기 어렵게 된다.

入浴하는 것은 治病上에 빼지 못할 重要한 要件이나 病의 程度에 따라 入浴方法도 여러가지가 있다. 絶對 入浴 不可인것. 入浴時間에 받는것等 差異가 있으므로 經驗이 豊富하고 信賴할수 있는 指導者의 指示를 받지 않으면 危險하다.

湯治에 가면 몸이 따뜻해 져서 훈훈하지마는 이것은 湯의 溫氣라기 보다 入湯으로 因해 氣血의 運行이 活發하게 되어 여러 血管에 停滯되었던 障害物과 衝突을 일으켜서 熱을 發하는 것이다. 健康을 爲해서의 一種의 發熱이라고 본다.

그 證據로는 三~四日 湯治를 繼續하는 동안에, 이번에는 寒氣를 느낄때가 있다. 그것은 氣血의 停滯가 解消하여 正常的인 狀態가 되었다는 뜻을 表示한 것이다. 換言하면 衝突하여 發熱하는 障害物이 없어져 熱이 없어졌기 때문이다. 俗으로 溫泉이라 하지만 近年의 溫量의 缺乏으로 물을 섞어 다시 熱을 加해 供給하는 境遇가 있다. 이와 같은 溫泉에 宿泊하여 寒氣를 느끼게 되면 溫治를 中止하는 것이 좋다.

入浴한 翌朝는 추위가 몸에 쓰민다고 하는 사람이 있으나 皮膚의 때를 밀어 냈다기 보다, 前記한 理由에 依한 것으로서, 氣血이 停滯하고 있으면 体溫이 올라 간다. 그것을 따스하게 느끼는 것은 衛生法의 原理를 모르기 때문이다.

어찌 되었든, 入浴은 氣血의 停滯를 解消시키는 가장 좋은 方法이다.

痛痒이 일어나는 原因

人体에 일어나는 痛痒은 氣血이 停滯하여 생긴다. 痛은 어떻게 해서 일어나는가 하면, 患部의 故障에 依해 氣血의 循環通過가 妨害되어 通路가 狹少하여져 있는데 뒤에서 밀리고 밀려 血液이 흘러 오기 때문에 血管이 膨張되어 痛症을 느낀다.

그 結果, 患部가 빨갛게 腫上하여 熱을 가지고 오며 痛은 점점 强하게 된다. 障害物을 除去 血液의 흐름은 坦坦하여져 平靜하게 되어, 血液運行이 円滿하게 되면 痛症도 사라지고 患部도 快治된다.

方法으로서는, 손으로 患部를 눌리는 것과 入浴法等이 있다. 普通 腫物 같은 것은 그 腫物의 周圍를 틈틈이 손까락으로 눌리는것 만으로 至極히 簡單하게 낫다. 그러나 이것은 熟鍊된 것은 아니지만, 오히려 惡化시킬 危 險을 隨伴함으로 濫用해서는 안된다.

元來 痛은 一白이며, 一白은 맺는것, 졸루는것, 묶는것이다. 졸리거나 묶 이게 되니 痛하게 된다.

痛의 境遇 氣血循環의 管이 졸리게 됨으로, 結滯가 생겨서 痛을 느끼게 되지마는, 一白의 裏面에는 九紫이니, 九紫가 나오면 痛이 變하여 痒이 된 다. 結하는 것이 一白이지마는 結한 짬을 푸는것, 흩이는것 띄우는 것이 九 紫의 作用이다. 腫物이 낫기 始作하면 가렵게 되지마는 그것은 그곳에 凝 集된 血液이 흩어질 때 일어나는 作用이니 一白이 變하여 九紫가 된것이 다.

長期間 入浴하지 않으면 몸이 가려워지나 그것은 氣血循環의 不良狀態 를 나타내므로서 停滯된 氣血을 흩이게 될때 가렵게 된다.

가렵기 때문에 긁는다. 긁는 것으로 氣血의 凝結을 消散시키는 自然의 作用이 된다. 가려울 程度로 氣血을 停滯시키는 것은 非衛生的인 이야기 이다. 긁었으니까 停滯된 氣血을 根本的으로 解消시킨 것은 아니다.

그래서 每日 入浴이 必要하게된 것이다. 每日 合理的으로 入浴하고 있 으면, 痛한 部分이나 痒한 部分도 생기지 않는다. 元來는 一白이었다는 것 을 잊어서는 안된다. 一白은 氣血의 結滯이니 病이다.

治病神幾

病幾를 안다.

「幾를 아는 것은 神乎」라고 孔子는 云하였다. 「幾」는 幾分이라는 意味이니 正確한 數字로 나타낼수 없는 領分의 것이다. 一이란 數에 達하기 전의 數字, 一 以下의 數를 幾라고 하니, 即 機微한 數를 말한다.

心臟病이나, 肝臟病等 이름이 있는 病이 되어 버리면 그것은 一의 數가 되어, 누구의 눈으로도 確實히 判明되지마는 病이 되기 前의 數를 幾라고 하니, 이것을 아는 것은 普通 사람은 좀처럼 되지 않는다, 그러므로

「幾를 아는 것은 神乎」라고 하니 神이 아니면 알수 없다고 한다.

健康을 維持하여 病에 걸리지 않기 爲해서는 幾를 아는 것이 必要하며, 幾를 알고 病을 未然에 防止하고 或은 病의 徵兆가 보이면, 빨리 이것을 고치지 않으면 안된다.

病이 一이 되어 나타나면 반드시 그것은 二→三→四로 나아감으로서 五를 넘기면 難治가 된다. 病이 眼前에 나타나서는 이미 늦으니, 病이 되기 以前에는 반드시 그 幾가 있음으로 그 보이지 않는 幾를 알고 健康法을 行해 病을 ﹂雲散霧消﹂시키지 않으면 안된다. 氣學健康法으로 入浴을 獎勵하는것도 幾를 알고 幾를 制裁하는 方法이기 때문이다.

重病과 死病의 區別

重病은 重해 보이더라도 나으며, 死病은 가볍게 보여도 結局은 救助되지 못한다. 重病과 死病과는 어느 點에서 區別 지우는가 하면, 家相의 凶相에서 와서 家相대로의 病을 하고 있는 사람은 死病이니 回復할 可望은 없다.

例를 들면 西에 缺陷이 있는 집에 肺病患者가 나왔다 든가, 北의 凶相인 집에 腎臟病이나 子宮病等의 患者가 있으면 그것은 不治의 病이다. 即 死病이라고 斷定하여도 좋다. 또 六大凶方을 犯해 方位대로의 發病을 하고 있는 사람의 救濟效果는 거두기 어려운 것이다. 方災나 家相에 關係없는 病人은 死病이 아니다.

感氣·發熱 其他의 病에 걸린 사람이 一三日以内에 熱이 내리면 빨리 回復되며, 一三日을 經過하여도 如前히 高熱이 繼續하는 사람은 重病 또는

死病으로 判定하여도 좋을 것이다.

`線路法`이라 하여, 子日에 發熱하였다면 四線에 該當하는 卯日이나, 또는 七線에 該當하는 午이나, 十線에 該當하는 酉日에 반드시 熱이 내리지 않으면 안되므로 늦어도 十二支를 一巡하여 元자리인 子日에 돌아오는 一三日째, 即, 歸線日에는 熱이 없어진다.

따라서 歸線日이 되어도 내려야 할 熱이 내리지 않는 것은 病이 새로 進行되고 있는 證據이니 回復하기에는 容易하지는 않아 드디어 죽음을 向해 進行하는 危險性이 있다.

病人에 對해서는 發病日을 確認시켜 線路에 該當하는 日의 狀態나 經路를 調査하여 歸線을 넘긴 患者는 重病, 또는 死病의 鑑定을 내린다. 死病에 걸려 있는 사람은 到底 一三日 以内에 回復되는 수는 없으므로 `線路法`을 利用하여, 病의 輕重 · 生死를 判斷할 必要가 있다. 發病日로 부터 四日째 · 七日째 · 十日째 · 一三日째의 經過에 따라서 病의 判斷이 붙는다. 一三日의 歸線日이 되어도 健康이 回復되지 않는 것은 病의 重大性을 暗示하는 것으로서 그 病은 先進하고 있으므로 死病으로 決定 지을수 있다.

氣學衛生法의 眞價

一三日을 經過하여도 熱이 내리지 않은 사람의 救하는 方法은
「氣學衛生法」
의 實行이 있을 뿐이다. 그러나 그 實行法도 잘못 하면 失敗한다.

이런것 까지의 例에 依하면, 指示한 대로 實行하지 않으므로 形便대로 適當하게 變則的인 方法을 取하기 때문에 잘못을 일으켰던 일이 있으므로, 嚴重한 注意를 바란다.

飲食物과 入浴과 治療와의 이 세가지가 完全하면 救助될수 있다. 入浴法은 그 사람의 病의 性質이나 몸의 狀態에 따라 똑 같지는 않으므로 一定된 原則을 여기서 說明 할수는 없다.

入浴할 때는 空腹이여서는 안된다. 食物을 適量을 먹고 二 · 三〇分 지난 뒤에 入浴한다는 것이다. 空腹時에 湯에 들어 가면 發熱하는 수가 있다. 飲食物과 入浴과 療術과 이 세가지 方法을 取하면 大綱의 病은 四日 以内에 全快한다.

「氣學衛生法」의 眞價는 여기에 있다.

壓　治

「氣學衛生法」은 飲食物과 入浴과 療術과의 셋을 가지고 根幹으로 하지마는 療術의 方法으로는 指頭 또는 手掌으로 患部나 그 周圍를 눌리는 것을 主眼으로 한다.

눌리는 것으로 氣血의 停滯를 解消하여 氣血의 運行과 人体電滋氣의 循環을 良好하게 하므로 病을 根本的으로 治癒된다.

腫物은 그 周圍를 淸潔한 指頭로 눌려 있으면 二日 程度면 나아버린다는 것도 이 原理에 依한다. 世上에서 말하는 〝指壓療法〟이나 〝手掌療法〟等도 모두 눌리면 낫는 原理에 基因된다.

醫師가 손을 써 준다는 말은 정말 손을 댄다는 것이 治療의 根本이기때문이며, 손 쓰임이 늦었다 함은 손을 대는 것이 늦었다는 意味인 것이다.

사람이 外部로 부터 傷害를 받아 痛症을 느꼈을 때에 제일 먼저 그 곳에 손을 대어 쓰담든가, 문지르든가 하는 것도 自然療法의 本能的 發露이다.

肺의 呼吸運動에는 아무도 모르는 重大한 問題가 內包되어 있다. 肺가 空氣를 呼吸하여 늘어났다가 오물었다가 하는 것은 끊임 없이 八方의 臟器를 눌리고 있는 것이다. 눌리기 爲해서 臟器는 健全한 活動을 繼續할수 있게 된다.

肺臟의 힘 弱하면 눌리는 힘도 弱하기 때문에, 臟器의 機能도 따라서 弱해진다. 肺가 弱하면 病의 根源이 된다는 重大한 理由가 成立된다.

또, 이 事實은 눌리는 것이 患部의 機能을 回復하여 病을 낫게 하는 根本的인 方法이라는 것을 立證시킨다.

肺에 對하여

釋尊이 幾千年前인 옛날에,

「空氣 속에는 사람을 죽이는 虫이 있다」라고 云한 것은 驚異的인 卓見이다. 오늘날 顯微鏡이 發明되어 여러가지 細菌이 있다는 것을 實證되었으나, 그러한 機器가 發明되지 않은 時代에 人間의 눈으로 보이지 않는 虫이 存在한다는 것을 喝破한 것은 實로 〝幾〟를 알고 있는 神이라고 말하지않을수 없다.

무릇 生物의 胎生・卵生・湿生이라고 하니 人間처럼 母胎에서 直接 태어나는것, 鳥類처럼 알에서 깨어나는것, 或은 黴菌처럼 湿氣에서 태어나는 것 等의 區別이 있으나, 空氣中에 人間을 죽이는 虫이란 이 湿生인 黴菌을 말한다.

家相으로는 厨房・庫藏・浴室等의 水氣는 方位에 關係없이 病災가 된다는 것은 湿生을 두려워 하는 말이다. 水가 있는 곳은 반드시 湿生이 있으며, 濕氣는 湿生의 温床이니, 사람이 그것을 呼吸하면 肺를 惡하게 하며 肺가 弱하면 胃腸의 作用도 充分하지 않아 무엇을 먹어도 素通되어 榮養이 되지 않으므로 全身의 衰弱을 招來한다.

腸에 對하여

胃의 幽門部에서 肛門에 이르기 까지를 腸이라 한다. 腸을 大別하면 大腸과 小腸과의 둘로 나누며 다시 大腸・小腸中에 여러가지 이름을 지닌 部分이 있다.

胃의 幽門에서 나온 곳의 腸管을 十二脂腸이라 하며 그 밑으로 가서 空腸 다시 그 밑의 部分을 回腸이라고 한다. 이 세가지를 가리켜 小腸이라 한다. 小腸에서 大腸이 되지 마는, 回腸과 大腸과의 사이에 盲腸이 있다. 그것을 넘으면 上行結腸이라 하여 굵은 腸이 되어 上行하여 橫隔膜을 가로 질러 下向하니 下向結腸이 된다. 그것에서 S字腸이라 하여 로一마字의 S狀을 한 腸이 되어 直腸에서 肛門의 順序가 된다.

飲食物은 食道를 通해 胃로 들어가 幽門에서 腸으로 보내져 前記한 여러가지 腸管을 通過하는 동안 消化吸收되어 몸의 血이 되고 肉이 되며 不用인 것은 糞便이 되어 体外로 排泄된다. 그 組織・構造는 實로 巧妙하고 微妙한 것이다.

肉体의 榮養을 擔當하는 가장 重要한 腸管이 弱한 사람은 五腸의 作用도 弱하며 따라서 全身의 不健康의 根本原因이 된다. 腸中에도 回腸은 배꼽 바로 밑에 있어 이것에 病을 가진 사람이 많아 눌리면 痛을 느낌으로 바로 알기 쉬우나, 눌려 보지 않으면 痛을 느끼지 않으므로 回腸이 나쁘다는 것을 모르는 사람이 많다. 病이라기 보다 이것이 病源으로 여러가지 病을 일으켜 다리를 惡하게 하거나 肺를 惡하게 하기도 한다.

腸은 四綠木精으로서 四綠을 凶方으로 使用하면 腸의 本体에 病이 發生한다. 腸의 消化作用은 二黑土精이니 二黑의 凶方을 犯하면 腸의 消化作用이 鈍弱하여 消化作用의 不良症狀이 나타난다.

腸의 本体에 病이 오는 境遇와 消化作用에 오는 境遇와의 둘로 區分되지 마는, 이것은 「体」와 「用」과의 關係이다. 腸에 宿便이 있거나, 惡性까스를 發生 시키는 사람에 長壽하는 사람이 없다는 것은 腸作用의 重要性을 認識하다면 容易하게 諒解될것이다.

腸의 强健法을 게을리 해서는 안된다. 그것이 〝幾〟를 아는 길이다.

血塊에 對하여

俗으로 裏鬼門이라고 불리워진 坤의 方位에 便所나 湯屋이 있는 집에 出生하여 자란 사람 或은 오래 그곳에서 居住한 사람에게는 血塊라는 것이 下腸에 나타난다. 이 血塊는 콩 낟알 만큼 크기의 것으로서, 배꼽보다 아랫쪽 盲腸下部에 생긴다.

坤을 右라고 하니 右의 下腸에 나타나므로 左方에 나타난 것은 血塊가 아니다. 젊었을 때는 苦痛스럽지는 않지만 나이가 더 할수록 障害를 느껴 手術을 하게 되지마는, 老年層은 救濟되기 힘든다.

胃癌에 對하여

胃 그 自体는 六白이다. 胃의 消化作用은 二黑이다. 坤에 便所나 湯屋이 있는 家相으로는 消化作用에 障害를 가져온다. 이것은 艮의 方에 水氣가 있기 때문에, 土와 水의 相剋作用이다.

家相에 關係없이 恒常 家動하고 있는 사람에 胃癌에 걸리는 사람은 없다. 安樂한 生活을 하고 있는 사람, 또는 이제까지 힘써 일 해 왔지만 今年부터 平安한 生活을 하는 사람에는 胃癌에 걸리기 쉬우며, 癌에는 이르지 않드라도 胃는 반드시 弱해 진다. 그 때문에 腸까지 惡化되므로 그것이 다른 五臟에도 影響을 끼쳐 重病, 或은 死病이 된다.

仰向으로 누워서 肋骨보다 胃部가 높이 불러 오른 사람은 不健康한 胃이니 胃擴張이 되어 있는 證據이다. 胃部分은 肋骨보다도 〝凵〟해야만 된다. 胃癌에 걸리면 氣學療法 以外로는 救濟될 길이 없다.

浮症에 對하여

몸에 特別한 異常을 느끼지 않는데도, 顏面이나 手足이 浮症이 생기는 사람이 있다. 이것은 心臟에서 부터 오는수도 있으며, 腎臟으로 부터 오는 수도 있지 마는 根本은 腸의 惡化에서 온다.

그러므로 먼저, 腸을 튼튼하게 하는것, 特히 小腸을 튼튼하게 하면 반드시 浮症은 낫는다.

浮症은 몸이 衰弱해지면 온다. 水氣를 띄어서 부어 오르는것도 衰弱이다. 몸이 衰弱해지면 바로 손을 써서 빨리 고치지 않으면 안된다. 決코 放置해서는 안된다.

腸을 튼튼하게 하는데는 하루 三回의 入浴을 한다. 一回에 十分間式 으로 배꼽까지의 入浴法을 前述한 方法으로 세번 行하면 浮症도 없어지고 身体衰弱도 回復된다.

神經痛에 對하여

神經痛은 여러가지 原因으로 일어나지 마는, 神經痛 그 自体는 三碧木精氣를 가지고 判斷하는 것으로서, 震의 三碧을 神經으로 한다. 三碧 이므로 痛한다. 性質이 不精하므로 痛을 생기게 하는 것은 무엇인가고 생각 해보니 水라는 것을 알수 있다. 卽 水不足이 神經痛의 主된 原因이다.

水生木과 언제나 木을 發育成長시켜 活發한 機能을 나타내는 물이 不足하면 木이 弱해져 그것이 神經痛이 된다. 물을 充分히 마시고 있으면 腸의 淸掃도 整備되어 毒素가 생기지 않게 된다.

神經痛의 原因은 医者도 잘 모르기 때문에 「一種의 毒素의 刺戟에 依한 것일 것이다」라고 云하고 있지만, 毒素發生의 原因은 腸에 있으니, 물이 不足하면 毒까스가 發生함으로 이것은 죽음(屍)이 되어 体外로 發散하는것 만이 아니고 体內에도 吸收되어 毒素가 된다.

물은 腸內를 씻어 毒까스를 發生시키지 아니 하고 同時에 血管內의 毒素까지 맑게 하는 重大한 役割을 맡아 있다.

神經痛에 걸렸을 때는, 먼저 물을 먹을것, 다음에 痛筋이나 그 周圍를 指頭로 充分히 押壓하면 쉽게 낫는다.

물은 質이 좋은 것을 飮料水로 쓰는 것이 緊要하다.

背骨에 對하여

背骨은 五臟에 通하는 神經의 全部를 派出시키고 있다. 가장 重要한 輻軸이므로, 背骨에 故障이 있게 되면, 여러가지 內臟의 故障이 생긴다. 背骨을 常時 똑바로 하고 있는 사람은 健康하여 힘도 强하다.

學校의 先生이나 醫者가 「姿勢를 바르게 하라」라고 數없이 말하는 것은 이 때문이니, 背骨의 兩側을 指頭로 押壓하는 것은 健康을 爲해 매우 바람직 스러운 일이다.

入浴하였을 때 手巾을 단단히 짤아서 背骨을 摩擦하는 것도 健康保存上 有效한 일이다.

齒와 眼의 健康法

兩다리를 벌려서 일어서고, 허리를 굽혀 머리를 可及的 숙여, 呼吸을 停止 시키면서 兩손바닥이로 下顎部를 제빨리 摩擦하는 것이 大端히 簡單한 齒의 健康法이다.

下顎部에서 귀의 아랫쪽 까지 顎骨을 따라 턱의 裏를 摩擦한다. 齒莖의 살을 끌어 졸라 齒槽病을 고친다.

눈은 매일 洗掃할 때 맑은 물로 깨끗이 씻는 것을 잊어서는 안된다.

눈은 九紫이니 水는 一白이므로 水火가 反發하는 것이 되지마는 이 境遇는 反發하기 때문에 도리어 눈이 作用을 잘하게 된다.

더구나, 손가락을 가지런히 하여 위쪽 눈 껎을 眼球의 周圍에 沿해서 가볍게 押壓하면 氣血의 停滯로 因한 視力의 障害를 잘 回復시킬 可能性이 있다.

後 記

나의 占法이 本領은 氣學이지 마는, 어떤 出版社의 依賴도 姓名術一觀相術一手相術等의 著述뿐이니, 緊要한 《氣學》 氣學의 依賴는 없었다. 그러나 이번에 『現代易占시리-즈』의 氣學을 擔當하게 되었다.

氣學은 멋진 占術이다. 그러나 《氣學》은 魔法陣이라고 稱하는 數의 配置를 素材로 하고 있으나, 年月日의 推移에 따라, 中央의 五가 튀어나와 차례차례로 移動하는 그 根據가 解得이 잘 안되기 때문에, 出發點에서 멈춰 버리고 만다」

라고 하는 易學者도 있으므로 離感하여 진다. 그러나 本書에 收錄된『氣學原論』을 알뜰하게 읽으면 眼中의 鱗이 떨어지는 느낌이 있을 것이다.

따라서 「後天定位의 遁甲의 原理는 훨씬 앞서 알고 있었으나, 굳이 發表 아니 했을 뿐이다」라고 하는 사람들이 以後에 續出하게 되지 않을지 念慮스럽다.

또 이번 三月에 西東社 發行의 『九星氣學入門』게 1870年代에 「萩野地角에 依해 集大成 되어 다시 그의 直門인 岡田, 田中等에 依해 다시 深化하게 되었다」라고 쓰여져 있었기에, 어이가 없어서 著者에게 물어 보았더니 『收益을 爲해 시키는 대로 썻기에』라는 回答이었다. 無責한 것을 가르치는 先生이 시키는 대로 라니 깜짝 놀랐다.

1982年 甲寅歲 初夏

田 口 二 州

記

年盤表

上元・年盤表

西暦 1687 / 暦 1867	丁卯	西暦 1684 / 暦 1864	甲子
巳 南 未 / 辰 6 2 4 申 / 東 5 **7** 9AP 西 / 寅 1 3 8 戌 / 丑 北 亥	1867	巳 南 未 / 辰 9 5 7 P 申 / 東 8 **1** 3 西 / 寅 4 6 A 戌 / 丑 北 亥	1864
西暦 1688 / 暦 1868	戊辰	西暦 1685 / 暦 1865	乙丑
巳 南 未 / 辰 5 1 3 申 / 東 4 **6** 8 西 / 寅 9 2 7 P 戌 / A 丑 北 亥	1868	巳 南 未 / 辰 A 4 P 申 / 8 6 / 東 7 **9** 2 西 / 寅 3 5 1 戌 / 丑 北 亥	1865
西暦 1689 / 暦 1869	己巳	西暦 1686 / 暦 1866	丙寅
巳 南 未 / 辰 4 9 2 申 / 東 3 **5** 7 西 / 寅 8 1 6 戌 / P 丑 北 亥	1869	巳 南 未 / 辰 7 3 5 P 申 / 東 6 **8** 9 西 / A 寅 2 4 戌 / 丑 北 亥	1866

上元・年盤表

西 1693 曆 1873	癸酉	西 1690 曆 1870	庚午
	1873		1870
西 1694 曆 1874	甲戌	西 1691 曆 1871	辛未
	1874		1871
西 1695 曆 1875	乙亥	西 1692 曆 1872	壬申
	1875		1872

上元·年盤表

西 1699 曆 1879	己卯	西 1696 曆 1876	丙子
	1879		1876
西 1700 曆 1880	庚辰	西 1697 曆 1877	丁丑
	1880		1877
西 1701 曆 1881	辛巳	西 1698 曆 1878	戊寅
	1881		1878

西暦 1705 / 1885	乙酉	西暦 1702 / 1882	壬午
(盤図 7)	1885	(盤図 1)	1882
西暦 1706 / 1886	丙戌	西暦 1703 / 1883	癸未
(盤図 6)	1886	(盤図 9)	1883
西暦 1707 / 1887	丁亥	西暦 1704 / 1884	甲申
(盤図 5)	1887	(盤図 8)	1884

西暦 1711 1891	辛卯	西暦 1708 1888	戊子
	1891		1888
西暦 1712 1892	壬辰	西暦 1709 1889	己丑
	1892		1889
西暦 1713 1893	癸巳	西暦 1710 1890	庚寅
	1893		1890

上元・年盤表

西 1717	丁	西 1714	甲
暦 1897	酉	暦 1894	午

南 未 申 西 戌 亥 北 丑 寅 東 辰 巳

1897：盤中央 4，A 3 8 1 P 6 7 9 5

1894：盤中央 7，6 2 4 1 9 A 3 8 P

西 1718	戊	西 1715	乙
暦 1898	戌	暦 1895	未

1898：盤中央 3，P 2 7 9 A 1 5 6 8 4

1895：盤中央 6，5 1 3 4 8 9 P 2 7 A

西 1719	己	西 1716	丙
暦 1899	亥	暦 1896	申

1899：盤中央 2，P 1 6 8 A 5 4 7 3

1896：盤中央 5，4 9 2 3 8 P 1

上元・年盤表

西 1723 暦 1903	癸卯	西 1720 暦 1900	庚子
<table><tr><td>巳</td><td>南</td><td>未</td></tr><tr><td>辰</td><td>6 2 4 **東** 5 **7** 9AP **西** 1 3 8</td><td>申 戌</td></tr><tr><td>寅</td><td>丑 北 亥</td><td></td></tr></table>	1903	<table><tr><td>巳</td><td>南</td><td>未</td></tr><tr><td>辰</td><td>P 5 7 **東** 9 8 3 **西** 4 6A 2 A</td><td>申 戌</td></tr><tr><td>寅</td><td>丑 北 亥</td><td></td></tr></table>	1900
西 1724 暦 1904	甲辰	西 1721 暦 1901	辛丑
<table><tr><td>巳</td><td>南</td><td>未</td></tr><tr><td>辰</td><td>5 1 3 **東** 4 **6** 8 **西** 9 2 7P A</td><td>申 戌</td></tr><tr><td>寅</td><td>丑 北 亥</td><td></td></tr></table>	1904	<table><tr><td>巳</td><td>南</td><td>未</td></tr><tr><td>辰</td><td>A 4 P **東** 8 **9** 2 **西** 7 3 5 </td><td>申 戌</td></tr><tr><td>寅</td><td>丑 北 亥</td><td></td></tr></table>	1901
西 1725 暦 1905	乙巳	西 1722 暦 1902	壬寅
<table><tr><td>巳</td><td>南</td><td>未</td></tr><tr><td>辰</td><td>4 9 2 **東** 3 **5** 7 **西** 8 1 6P </td><td>申 戌</td></tr><tr><td>寅</td><td>丑 北 亥</td><td></td></tr></table>	1905	<table><tr><td>巳</td><td>南</td><td>未</td></tr><tr><td>辰</td><td>3 7 5 P **東** 6 **8** 4 **西** A 2 9 </td><td>申 戌</td></tr><tr><td>寅</td><td>丑 北 亥</td><td></td></tr></table>	1902

上元・年盤表

西 1729 曆 1909	己酉	西 1726 曆 1906	丙午
	1909		1906
西 1730 曆 1910	庚戌	西 1727 曆 1907	丁未
	1910		1907
西 1731 曆 1911	辛亥	西 1728 曆 1908	戊申
	1911		1908

上元・年盤表

西 1735　曆 1915	乙卯	西 1732　曆 1912	壬子
中宮 4（巳 南 未／辰 A 8 1 申／3 ⋯ 西／東 2 ⋯ 6P／寅 7 9 5 戌／丑 北 亥）	1915	中宮 7（巳 南 未／辰 P 2 4 申／6 ⋯ 9A 西／東 5 ⋯ 8 戌／寅 1 3 戌／丑 北 亥）	1912
西 1736　曆 1916	丙辰	西 1733　曆 1913	癸丑
中宮 3（巳 南 未／辰 2 7 9 申／A 1 ⋯ 5 西／東 6 ⋯ 4P 戌／寅 8 ／丑 北 亥）	1916	中宮 6（巳 南 未／辰 5 1 3 P 申／4 ⋯ 8 西／東 9 ⋯ 7A 戌／寅 2 ／丑 北 亥）	1913
西 1737　歴 1917	丁巳	西 1734　曆 1914	甲寅
中宮 2（巳 南 未／辰 1 6 8A 申／9 ⋯ 4 西／東 5 ⋯ 3P 戌／寅 7 ／丑 北 亥）	1917	中宮 5（巳 南 未／辰 4 9 2P 申／8 ⋯ 6 西／東 1 ⋯ 戌／寅 ／丑 北 亥）	1914

上元・年盤表

西 1741 暦 1921	辛 酉	西 1738 暦 1918	戊 午
	1921		1918
西 1742 暦 1922	壬 戌	西 1739 暦 1919	己 未
	1922		1919
西 1743 暦 1923	癸 亥	西 1740 暦 1920	庚 申
	1923		1920

中元・年盤表

西暦 1747 1927	丁卯	西暦 1744 1924	甲子
南 未 申 西 戌 亥 北 丑 寅 東 辰 巳　9 5 7　8 **1** 3P　4 6 2 A	1927	南 未 申 西 戌 亥 北 丑 寅 東 辰 巳　P　A 3 8　2 **4** 6　9	1924
西暦 1748 1928	戊辰	西暦 1745 1925	乙丑
南 未 申 西 戌 亥 北 丑 寅 東 辰 巳　A 4 6　8 **9** 7　3 1P　5	1928	南 未 申 西 戌 亥 北 丑 寅 東 辰 巳　P　2 7　A 1 **3** 5　6 8 4	1925
西暦 1749 1929	己巳	西暦 1746 1926	丙寅
南 未 申 西 戌 亥 北 丑 寅 東 辰 巳　7 3 5　8 **8** 1　A 2 4 9P	1929	南 未 申 西 戌 亥 北 丑 寅 東 辰 巳　1 6 AP　8 **2** 4　5 7 3	1926

中元・年盤表

西曆 1753 1933	癸酉	西曆 1750 1930	庚午
巳 南 未 辰 A 8 1 申 3 **4** 西 東 P 2 6 2 7 9 5 寅 丑 北 亥 戌	1933	巳 南 未 辰 6 2 4 申 5 **7** 9 A 西 東 1 3 8 P 寅 丑 北 亥 戌	1930
西曆 1754 1934	甲戌	西曆 1751 1931	辛未
巳 南 未 辰 P 2 7 9 申 A 1 **3** 5 西 東 6 8 4 寅 丑 北 亥 戌	1934	巳 南 未 辰 5 1 3 申 4 **6** 8 西 東 9 2 7 A P 寅 丑 北 亥 戌	1931
西曆 1755 1935	乙亥	西曆 1752 1932	壬申
巳 南 未 辰 P 6 8 A 申 1 **2** 4 西 東 9 5 7 3 寅 丑 北 亥 戌	1935	巳 南 未 辰 4 9 2 申 3 **5** 7 西 東 P 8 1 6 寅 丑 北 亥 戌	1932

中元・年盤表

西 1759 曆 1939	已 卯	西 1756 曆 1936	丙 子
(南 巳 未 辰 東 申 西 寅 戌 丑 北 亥) 6 2 4 5 **7** 9AP 1 3 8	1939	(南 巳 P 未 辰 5 申 東 9 7 西 8 3 寅 4 2 戌 6 丑 A 北 亥) 9 7 8 **1** 3 4 6 2	1936
西 1760 曆 1940	庚 辰	西 1757 曆 1937	丁 丑
(南 巳 未 辰 申 東 西 寅 戌 丑 北 亥) 5 1 3 4 **6** 8 9 7 2 P A	1940	(南 巳 未 辰 A 申 東 P 西 寅 戌 丑 北 亥) A 4 P 8 **9** 1 3 5	1937
西 1761 曆 1941	辛 巳	西 1758 曆 1938	戊 寅
(南 巳 未 辰 申 東 西 寅 戌 丑 北 亥) 4 9 2 3 **5** 7 8 1 6 P	1941	(南 巳 未 辰 申 東 西 寅 戌 丑 北 亥) 7 3 5 P 2 **8** 9 A 4	1938

中元・年盤表

西 1765 暦 1945	乙酉	西 1762 暦 1942	壬午
	1945		1942
西 1766 暦 1946	丙戌	西 1763 暦 1943	癸未
	1946		1943
西 1767 暦 1947	丁亥	西 1764 暦 1944	甲申
	1947		1944

中元・年盤表

西曆 1771 1951	辛卯	西曆 1768 1948	戊子
	1951		1948
西曆 1772 1952	壬辰	西曆 1769 1949	己丑
	1952		1949
西曆 1773 1953	癸巳	西曆 1770 1950	庚寅
	1953		1950

中元 · 年盤表

西 1777 暦 1957	丁 酉	西 1774 暦 1954	甲 午
	1957		1954
西 1778 暦 1958	戊 戌	西 1775 暦 1955	乙 未
	1958		1955
西 1779 暦 1959	己 亥	西 1776 暦 1956	丙 申
	1959		1956

中元・年盤表

西 1783 曆 1963	癸卯	西 1780 曆 1960	庚子
	1963		1960
西 1784 曆 1964	甲辰	西 1781 曆 1961	辛丑
	1964		1961
西 1785 曆 1965	乙巳	西 1782 曆 1962	壬寅
	1965		1962

中元・年盤表

西曆 1789 / 1969	己酉	西曆 1786 / 1966	丙午

南 未 申 西 戌 亥 北 丑 寅 東 辰 巳

1969盤 中宮 4

1966盤 中宮 7

西曆 1790 / 1970	庚戌	西曆 1787 / 1967	丁未

1970盤 中宮 3

1967盤 中宮 6

西曆 1791 / 1971	辛亥	西曆 1988 / 1968	戊申

1971盤 中宮 2

1968盤 中宮 5

中元・年盤表

西 暦	1795 1975	乙 卯	西 暦	1792 1972	壬 子

(盤: 南 巳 未 申 西 戌 亥 丑 北 寅 辰 東 — 中央 7、周囲 6 2 4 / 5 9AP / 1 3 8) 1975

(盤: 中央 1、周囲 P5 / 8 3 / 4 6 A) 1972

西 暦	1796 1976	丙 辰	西 暦	1793 1973	癸 丑

(盤: 中央 6、周囲 5 1 3 / 4 8 / 9 7P / 2 A) 1976

(盤: 中央 9、周囲 A4 P / 8 2 / 3 5) 1973

西 暦	1797 1977	丁 巳	西 暦	1794 1974	甲 寅

(盤: 中央 5、周囲 4 9 2 / 8 6 / 1 P) 1977

(盤: 中央 8、周囲 7 3 5P / 6 1 / A 2 4 9) 1974

中元・年盤表

西 1801 / 暦 1981	辛酉	西 1798 / 暦 1978	戊午
1981年盤図	1981	1978年盤図	1978
西 1802 / 暦 1982	壬戌	西 1799 / 暦 1979	己未
1982年盤図	1982	1979年盤図	1979
西 1803 / 暦 1983	癸亥	西 1800 / 暦 1980	庚申
1983年盤図	1983	1980年盤図	1980

西 1807 曆 1987	丁 卯	西 1804 曆 1984	甲 子
南 巳 未 辰 A 3 8 1 申 東 2 ④ 6P 西 寅 7 5 戌 9 丑 北 亥	1987	南 巳 未 辰 P 2 4 申 5 ⑦ 9A 東 1 3 西 寅 8 戌 丑 北 亥	1984
西 1808 曆 1988	戊 辰	西 1805 曆 1985	乙 丑
南 巳 未 辰 2 7 9 申 東 A ③ 5 西 寅 6 4P 戌 8 丑 北 亥	1988	南 巳 未 辰 1 P 申 5 3 申 東 4 ⑥ 7 西 9 2 A 戌 寅 丑 北 亥	1985
西 1809 曆 1989	己 巳	西 1806 曆 1986	丙 寅
南 巳 未 辰 1 6 A 申 8 東 9 ② 4 西 5 7 戌 寅 3P 丑 北 亥	1989	南 巳 未 辰 4 9 2P 申 東 3 ⑤ 7 西 8 1 戌 寅 丑 北 亥	1986

下元・年盤表

西 1813 曆 1993	癸酉	西 1810 曆 1990	庚午
	1993		1990

西 1814 曆 1994	甲戌	西 1811 曆 1991	辛未
	1994		1991

西 1815 曆 1995	乙亥	西 1812 曆 1992	壬申
	1995		1992

下元・年盤表

西 1819 暦 1999	己 卯	西 1816 暦 1996	丙 子
	1999		1996
西 1820 暦 2000	庚 辰	西 1817 暦 1997	丁 丑
	2000		1997
西 1821 暦 2001	辛 巳	西 1818 暦 1998	戊 寅
	2001		1998

下元・年盤表

西暦 1825 2005	乙酉	西暦 1822 2002	壬午
	2005		2002
西暦 1826 2006	丙戌	西暦 1823 2003	癸未
	2006		2003
西暦 1827 2007	丁亥	西暦 1824 2004	甲申
	2007		2004

下元・年盤表

西曆 1831 2011	辛卯	西曆 1828 2008	戊子
巳 南 未 / 辰 6 2 4 申 / 東 5 7 9AP 西 / 1 3 8 寅 戌 / 丑 北 亥 **7**	2011	巳 南 未 / 辰 P 5 7 申 / 東 9 1 3 西 / 8 2 寅 4 6 戌 / 丑 北 亥 A **1**	2008
西曆 1832 2012	壬辰	**西曆 1829 2009**	己丑
巳 南 未 / 辰 5 1 3 申 / 東 4 6 8 西 / 9 2 7 寅 A 戌 / 丑 北 亥 **6**	2012	巳 南 未 / 辰 A 4 P 申 / 東 8 9 1 西 / 7 5 寅 戌 / 丑 北 亥 **9**	2009
西曆 1833 2013	癸巳	**西曆 1830 2010**	庚寅
巳 南 未 / 辰 4 9 2 申 / 東 3 5 7 西 / 8 6 1 寅 P 戌 / 丑 北 亥 **5**	2013	巳 南 未 / 辰 7 3 5 P 申 / 東 6 8 1 西 / 2 4 9 寅 A 戌 / 丑 北 亥 **8**	2010

下元・年盤表

西 1837 暦 2017	丁 酉	西 1834 暦 2014	甲 午
	2017		2014
西 1838 暦 2018	戊 戌	西 1835 暦 2015	乙 未
	2018		2015
西 1839 暦 2019	己 亥	西 1836 暦 2016	丙 申
	2019		2016

下元・年盤表

西暦 1843 / 2023	癸卯	西暦 1840 / 2020	庚子
	2023		2020
西暦 1844 / 2024	甲辰	西暦 1841 / 2021	辛丑
	2024		2021
西暦 1845 / 2025	乙巳	西暦 1842 / 2022	壬寅
	2025		2022

下元・年盤表

西 1849 暦 2029	己酉	西 1846 暦 2026	丙午
	2029		2026
西 1850 暦 2030	庚戌	西 1847 暦 2027	丁未
	2030		2027
西 1851 暦 2031	辛亥	西 1848 暦 2028	戊申
	2031		2028

下元・年盤表

西暦 1855 2035	乙卯	西暦 1852 2032	壬子
	2035		2032
西暦 1856 2036	丙辰	西暦 1853 2033	癸丑
	2036		2033
西暦 1857 2037	丁巳	西暦 1854 2034	甲寅
	2037		2034

下元・年盤表

西暦 1861 / 2041	辛酉	西暦 1858 / 2038	戊午
	2041		2038
西暦 1862 / 2042	壬戌	西暦 1859 / 2039	己未
	2042		2039
西暦 1863 / 2043	癸亥	西暦 1860 / 2040	庚申
	2043		2040

月盤表

子〜卯〜午〜酉年의月盤表

5月5〜6日부터 6月6〜7日까지	巳四月節 (小滿 立夏)	2月4〜5日부터 3月5〜6日까지	寅正月節 (雨水 立春)
南 巳　未 辰　　申 東　4 9 2　西 　3 (5) 7 寅　8 1 P　戌 丑　亥 北		南 巳　未 辰　　申 東　7 3 5P　西 　　1 寅　A 2 4　戌 丑　亥 北	
6月6〜7日부터 7月6〜7日까지	午五月節 (夏至 芒種)	3月5〜6日부터 4月4〜5日까지	卯二月節 (春分 啓蟄)
南 巳　未 辰　A 8 1　申 東　2 (4) 6　西 寅　9 P　戌 丑　亥 北		南 巳　未 辰　6 2 4　申 東　5 (7) 9P　西 寅　1 3　戌 丑　亥 北	
7月6〜7日부터 8月7〜8日까지	未六月節 (大暑 小暑)	4月5〜6日부터 5月5〜6日까지	辰三月節 (穀雨 清明)
南 巳　未 辰　2 7 9　申 東　A (3) 西 寅　6 4 　P 8　戌 丑　亥 北		南 巳　未 辰　5 1 3　申 東　4 (6) 8　西 寅　9 7 P 　2 A　戌 丑　亥 北	

11月7~8日부터 12月7~8日까지	亥 十月節 (立冬 小雪)	8月7~8日부터 9月7~8日까지	申 七月節 (立秋 処暑)
巳 南 未 / 辰 東 申 西 戌 / 寅 丑 北 亥 — P 7 3 / 6 ⑧ 1 / A 4 2		巳 南 未 / 辰 東 申 西 戌 / 寅 丑 北 亥 — 1 6 A / P 5 7 / ②	
12月7~8日부터 翌年1月5~6日까지	子 十一月節 (大雪 冬至)	9月7~8日부터 10月7~8日까지	酉 八月節 (白露 秋分)
巳 南 未 / 辰 東 申 西 戌 / 寅 丑 北 亥 — P 2 / 6 ⑦ 9 A / 5 8 / 1 3		巳 南 未 / 辰 東 申 西 戌 / 寅 丑 北 亥 — 9 5 7 / P 8 ① 3 / 4 A 2	
翌年1月5~6日부터 2月2~4日까지	丑 十二月節 (小寒 大寒)	10月7~8日부터 11月7~8日까지	戌 九月節 (寒露 霜降)
巳 南 未 / 辰 東 申 西 戌 / 寅 丑 北 亥 — 5 1 P / 3 ⑥ 8 / 2 A		巳 南 未 / 辰 東 申 西 戌 / 寅 丑 北 亥 — A 4 6 / P 8 ⑨ 2 / 3 5 1	

丑~辰~未~戌年의月盤表

5月5~6日부터 6月6~7日까지	巳 四月節 （小滿 立夏）	2月4~5日부터 3月5~6日까지	寅 正月節 （雨水 立春）
南 巳　　未 辰　1 6 8 A　申 東　9　2　4　西 寅　5 3 P　戌 丑　北　亥		南 巳　　未 辰　4 9 2 P　申 東　3　5　7　西 寅　8 1 6　戌 丑　北　亥	
6月6~7日부터 7月6~7日까지	午 五月節 （夏至 芒種）	3月5~6日부터 4月4~5日까지	卯 二月節 （春分 啓蟄）
南 巳　　未 辰　9 5 7　申 東　8　1　3　西 寅　4 6 2　戌 丑　PA　北　亥		南 巳　　未 辰　A 3 8　申 東　3　4　1　西 寅　7 9 5　戌 丑　北　亥	
7月6~7日부터 8月7~8日까지	未 六月節 （大暑 小暑）	4月5~6日부터 5月5~6日까지	辰 三月節 （穀雨 清明）
南 巳　　未 辰　A4 6　申 東　7　9　　西 寅　3 5 1 P　戌 丑　北　亥		南 巳　　未 辰　2 7 9　申 東　AI　3　5　西 寅　8 4 P　戌 丑　北　亥	

-239-

丑~辰~未~戌　年의月盤表

11月7~8日부터 12月7~8日까지	亥 十月節 (小雪 立冬)	8月7~8日부터 9月7~8日까지	申 七月節 (處暑 立秋)
月盤 中宮 5		月盤 中宮 8	
12月7~8日부터 翌年1月5~6日까지	子 十一月節 (冬至 大雪)	9月7~8日부터 10月7~8日까지	酉 八月節 (秋分 白露)
月盤 中宮 4		月盤 中宮 7	
翌年1月5~6日부터 2月3~4日까지	丑 十二月節 (大寒 小寒)	10月7~8日부터 11月7~8日까지	戌 九月節 (霜降 寒露)
月盤 中宮 3		月盤 中宮 6	

寅~巳~申~亥年의月盤表

5月5~6日부터 6月6~7日까지	巳 四月節 (立夏 小滿)	2月4~5日부터 3月5~6日까지	寅 正月節 (立春 雨水)

6月6~7日부터 7月6~7日까지	午 五月節 (芒種 夏至)	3月5~6日부터 4月4~5日까지	卯 二月節 (啓蟄 春分)

7月6~7日부터 8月7~8日까지	未 六月節 (小暑 大暑)	4月5~6日부터 5月5~6日까지	辰 三月節 (淸明 穀雨)

寅～巳～申～亥年의 月盤表

11月7～8日부터 12月7～8日까지	亥 十月節 (小雪 立冬)	8月7～8日부터 9月7～8日까지	申 七月節 (処暑 立秋)

(中宮 2)

(中宮 5)

12月7～8日부터 翌年1月5～6日까지)	子 十一月節 (冬至 大雪)	9月7～8日부터 10月7～8日까지	酉 八月節 (秋分 白露)

(中宮 1)

(中宮 4)

翌年1月5～6日부터 2月3～4日까지	丑 十二月節 (大寒 小寒)	10月7～8日부터 11月7～8日까지	戌 九月節 (霜降 寒露)

(中宮 9)

(中宮 3)

◆ 편 저 ◆
대한역학풍수연구학회 이사장(前)
박 종 갑

氣 學 의 摠 鑑	정가 18,000원

2015年 1月 10日 인쇄
2015年 1月 20日 발행

편 저 : 박 종 갑
발행인 : 김 현 호
발행처 : 법문 북스
　　　　〈한림원 판〉
공급처 : 법률미디어

152-050
서울 구로구 경인로 54길 4
TEL : (대표) 2636-2911, FAX : 2636～3012
등록 : 1979년 8월 27일 제5-22호
Home : www.lawb.co.kr

▌ISBN 978-89-7535-307-9(93180)